現代日本の産業社会

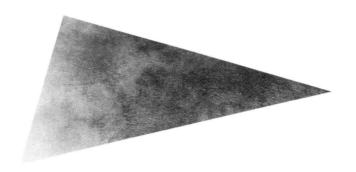

河野俊明

はしがき

　日本の産業構造や企業経営は、時代とともにそのすがたかたちを大きく変えている。

　2015年は戦後70年の節目の年にあたるが、この70年という歳月の間に日本は劇的ともいえる大きな変化を経験してきた。日本の経済は、敗戦によるダメージから復興を遂げ、世界から「奇跡」といわれるほど急速に拡大した。産業は合理化によって近代化を達成して国際競争力を高め、産業構造は高度化を果たした。しかし、バブル経済が崩壊すると日本は低迷の時代に入る。その一方では、新興国などの経済が拡大・発展することで、いくつかの産業では国際競争力を失う事態となっている。経済のこのような一連の動きは、経営戦略や経営管理など、企業経営の考え方にも大きな影響と変化をもたらしている。それは同時に、日本社会の構造や日本人の価値観の変化などとも連動し、互いに深い関係にある。

　本書では、戦後から今日に至るまでの日本経済発展の過程と構造変化のプロセスなどに関して、産業構造の変化・高度化といったマクロな視点や、経営戦略や経営管理など企業経営の視点、そして産業政策、規制緩和など国・行政の視点、そしてグローバルの視点など、様々な角度から分析を行っている。その中でも特に、後の産業社会の構造変化に大きなインパクトをもたらすような特徴的な事実、出来事については、その原因やプロセス、重要性などについて、統計データや具体的な事象・事例を用いて解説している。そして、日本経済の変化と社会構造や日本人の価値観などとの間の相互関係についても検討を加え、現代日本の産業社会が抱えている諸問題の構造と今後の発展に求められる方向性などについて検討している。

　第Ⅰ部「産業社会の構造変化」では、日本経済が、グローバリゼーションの拡大や少子高齢化の進行といった大きな構造変化に直面し、国際的な地位を低下させつつあること、産業構造の変化やグローバリゼーションの進展などによって国際間のビジネスや世界のマーケット構造が変化し、経済活動や

企業の戦略などに大きな影響が及んでいること、その一方で、地域経済が衰退の危機にあり、地域の復興が日本の産業社会にとって重要な課題となっていることについて解説する。さらに、産業社会の構造変化は、人的資源に対しても様々な影響を及ぼしており、特に、構造変化に伴って人事・組織制度のミスマッチや人的資源の偏在、人的ネットワークの変容などの新たな課題が顕在化してきており、これに対応するためには、人的資源のマネジメントが重要になっていることについて述べている。

第Ⅱ部「産業社会の発展プロセス」では、戦後日本の経済成長・産業発展を支えてきた産業群、特に、繊維、鉄鋼、機械、電機、自動車などの「伝統的製造業」と農業、及びサービス業をとりあげ、これらの産業が、戦後に辿ってきた道のり、発展のプロセス、その理由などについて解説するとともに、日本経済の発展・成長に果たしてきた役割について考察している。その一方、産業構造の変化やグローバル化の進展などに伴って当該産業が現在直面している諸問題について整理し、これからの発展の方向性や求められる産業政策、企業の経営戦略などについて検討している。

第Ⅲ部「新たな産業の発展」では、日本経済が今後その活力を維持し、発展するためには「新たな産業の創出」が不可欠な要素であることについて述べている。新たな産業が創出される要因や背景、さらには大学発ベンチャーなどの起業、新規開業の状況、そして事業化・産業化のステージに到達するために乗り越えなければならない様々な課題、障壁について注目し、これをクリアするための支援策などについても解説する。そして、今後の成長が期待されているビジネスとして、環境・エネルギー、観光・コンテンツ、医療・介護、健康、インフラ関連／システム輸出といった分野に注目し、これらの分野が注目される社会的な背景や成長・発展の可能性、課題や方向性などについて考察している。

第Ⅳ部「地域の活性化と人的資源マネジメント」では、日本経済の活力を維持し、競争力を強化するためには、地域経済の活性化が重要であることに注目する。財政難や人口減、人材不足など地域経済を取り巻く厳しい状況について概観し、地域振興整備計画など地域活性化に向けたこれまでの取り組みとそれらの結果、そして地域が現在直面している課題などについて考察す

る。そして、今後の地域の活性化、経済の発展にとって不可欠な要素として人的資源に注目し、地域として人的資源をマネジメントすることの重要性について提起している。

　本書は、筆者が関西学院大学や放送大学などで、現代日本の経済や産業、ビジネス、企業活動などをテーマに講義を行った際に作成したレジュメや資料などをベースとして再構成したものである。大学での講義を担当するようになってすでに十年以上になるが、その間にも、例えば2008年のリーマンショックをはじめ、2011年の東日本大震災と東京電力福島第一原子力発電所の事故、2012年の安倍政権の登場とアベノミクスの発動、2014年の消費税増税、等々、これからの日本の産業社会に大きな影響を及ぼすと思われる事態、出来事が次々と発生している。講義では、最新の国内・海外の経済情勢や産業の動きについてもできるだけ触れるように工夫しているが、そのためには、統計データはもちろんのこと、常に最新の状況に自分の頭の中をアップデートしておかなければならない。

　大学の講義であれば、最新の政治、経済状況を反映して柔軟に内容を修正することも可能であるが、一冊の本としてまとめた場合、これより先に発生する変化を反映することは困難となる。しかし、戦後から現在に至る日本の経済、産業、社会などの実態や特徴的な動き、変化やその過程、そしてこれら相互の関係など、本書に記載している内容が、読者にとって、現代日本の産業社会が抱える問題を考え、理解を深めるためのきっかけとなり、さらには、日本経済が今後も活力を維持し、産業社会が持続的に発展するために必要な議論や行動、意思決定のための一助となれば幸いである。

2016年1月

河野　俊明

目　次

はしがき

第Ⅰ部　産業社会の構造変化

第1章　産業社会の現状
　1．1　低下する国際的な地位……………………………………………1
　1．2　直面する構造変化…………………………………………………3
　　（1）グローバリゼーションの拡大……………………………………3
　　（2）少子高齢化の進行…………………………………………………6
　　（3）産業社会の変容……………………………………………………8

第2章　産業社会と人的資源
　2．1　産業社会の構造変化……………………………………………15
　　（1）産業構造の変化…………………………………………………15
　　（2）グローバリゼーションの影響…………………………………18
　　（3）地域経済の衰退…………………………………………………22
　2．2　人的資源に関する問題点………………………………………24
　　（1）人事・組織制度のミスマッチ…………………………………24
　　（2）人的資源の偏在…………………………………………………27
　　（3）人的ネットワークの変容………………………………………29
　　（4）構造変化への対応………………………………………………31

第Ⅱ部　産業社会の発展プロセス

第3章　戦後日本経済の軌跡
　3．1　敗戦からの復活（1950〜1960年代）………………………39
　　（1）占領下の日本経済　〜外貨獲得のための輸出振興〜………39
　　（2）産業の競争力強化　〜官主導による製造業の生産力・技術力向上〜…40
　　（3）高度成長と所得倍増計画　〜インフラの整備、生活水準の向上〜…42
　3．2　国際社会の中の日本（1970〜1980年代）…………………43
　　（1）ニクソンショック　〜変動相場制への移行〜………………43
　　（2）石油ショック　〜コストの上昇〜……………………………43
　　（3）貿易摩擦　〜対米貿易黒字の拡大〜…………………………45
　　（4）プラザ合意と円高不況…………………………………………46
　3．3　バブル経済とその崩壊（1990年代）…………………………47
　　（1）内需拡大のための金融緩和と不動産バブル…………………47

（2）バブル経済の崩壊と失われた 10 年（長期不況）……………………48
　（3）新興国の経済成長………………………………………………………49
　（4）海外投資の拡大…………………………………………………………50
　（5）ＩＴバブルとその崩壊…………………………………………………50
3．4　実感なき景気回復（2000 年代前半）
　（1）小泉構造改革　〜規制緩和がもたらした歪み〜……………………51
　（2）労使関係の変化（人件費の抑制、非正規雇用の増加）……………52
　（3）外需主導と一部の大企業・製造業に偏った景気回復………………53
3．5　リーマンショックとその後（2000 年代後半〜）
　（1）リーマンショックと世界同時不況……………………………………54
　（2）東日本大震災による影響………………………………………………55
　（3）欧州債務問題と超円高がもたらすインパクト………………………56
　（4）アベノミクスの目指すところ…………………………………………57

第 4 章　伝統的産業の現状と方向性
　4．1　繊維工業
　　（1）繊維工業の特徴…………………………………………………………61
　　（2）繊維工業を取り巻く状況………………………………………………63
　　（3）繊維工業の方向性………………………………………………………64
　4．2　鉄鋼業
　　（1）鉄鋼業の特徴……………………………………………………………68
　　（2）製鋼のプロセス…………………………………………………………68
　　（3）鋼の種類と用途…………………………………………………………69
　　（4）鉄鋼業界のプレイヤー…………………………………………………70
　　（5）鉄鋼業発展の歴史………………………………………………………70
　　（6）鉄鋼業を取り巻く状況　〜国際競争力の状況／市場の変化への対応‥73
　　（7）鉄鋼業の方向性…………………………………………………………75
　4．3　機械工業
　　（1）機械工業の特徴…………………………………………………………78
　　（2）工作機械メーカーの特徴と動向………………………………………78
　　（3）電機メーカーの特徴と動向……………………………………………82
　　（4）自動車メーカーの特徴と動向…………………………………………85
　4．4　サービス産業
　　（1）第三次産業（サービス産業）の動向…………………………………93
　　（2）第三次産業（サービス産業）の課題…………………………………94
　4．5　農業
　　（1）農業の動向………………………………………………………………97
　　（2）農業の課題………………………………………………………………99

第Ⅲ部　新たな産業の発展

第5章　産業創出をめぐる動き
- 5.1　産業創出の要因・背景 …… 107
- 5.2　これまでの新産業・ニュービジネス …… 108
- 5.3　新産業・ニュービジネス創出の状況 …… 110
- 5.4　課題と支援の動き …… 112

第6章　成長が期待されるビジネス
- 6.1　医療・介護、健康、保育ビジネス
  - （1）ビジネス拡大の背景 …… 116
  - （2）課題 …… 116
  - （3）今後の方向 …… 118
- 6.2　観光、コンテンツ
  - （1）ビジネス拡大の背景 …… 119
  - （2）課題 …… 123
  - （3）今後の方向 …… 125
- 6.3　環境・エネルギー関連
  - （1）ビジネス拡大の背景 …… 130
  - （2）課題 …… 131
  - （3）今後の方向 …… 133
- 6.4　インフラ関連／システム輸出
  - （1）ビジネス拡大の背景 …… 134
  - （2）課題 …… 138
  - （3）今後の方向 …… 139

第Ⅳ部　地域の活性化と人的資源マネジメント

第7章　地域経済を取り巻く状況 …… 143

第8章　地域に求められる動き …… 149

参考資料 …… 157

索引 …… 160

第Ⅰ部　産業社会の構造変化

第1章　産業社会の現状
1.1　低下する国際的な地位

　現在、日本経済の国際的な地位は低下しつつある。第二次世界大戦の敗戦から奇跡の経済復興を遂げた日本は、製造業による輸出を原動力として国内総生産（GDP）で世界第二位の経済大国となるまでに成長を遂げた。しかしながら、1990年頃をピークとして経済成長率は大きく低下し、2010年には成長著しい中国にその地位を譲ることになる（図表I-1-1）。

　一人当たりのGDPでも、1990年代前半までは経済協力開発機構（OECD：Organization for Economic Co-operation and Development）諸国の中で三番目の地位を維持していたが、その後は順位を下げている。

　国際競争力については、様々な見方や指標が存在するが、スイスを拠点とする国際経営開発研究所（IMD：International institute for Management Development）が公表している国際競争力の順位をみると、日本は1990年代前半までは世界第一位を維持していたが、1990年代後半以降はその順位を大きく低下させている（図表I-1-2）。

図表 I-1-1　経済成長率の長期推移（名目 GDP）

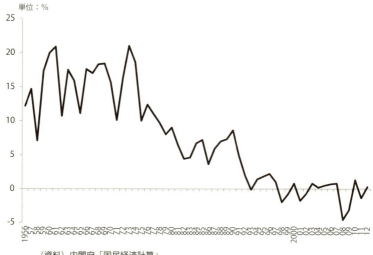

（資料）内閣府「国民経済計算」

図表 I-1-2　「IMD 国際競争力」における日本の順位

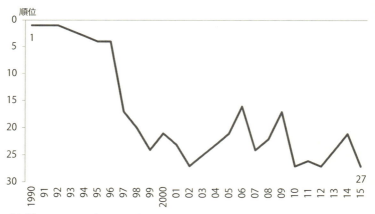

（出典）International institute for Management Development
「World Competitiveness Yearbook」

　日本の 2013 年の GDP は 4 兆 9 千億ドルを誇り、アメリカ、中国に次ぐ世界第三位の経済大国であることには間違いない。しかし、経済の成長力や国際競争力の指標等の推移を見る限り、1980 年代以前のような勢いはすで

になく、中国をはじめとして新興国の存在感がますます大きくなる中で、国際的な地位や影響力は次第に低下している。加えて、グローバリゼーションや少子高齢化などの構造変化にも直面しており、経済力を今後も維持・発展させるために乗り越えなければならない課題は、数多く存在する。

1.2　直面する構造変化

　日本経済が第二次世界大戦後に経験してきた重要な事象とその影響については後述するが、現在の日本経済が直面する構造変化には、次のようなものがある。

（1）グローバリゼーションの拡大
・質的な変化

　日本はもともと天然資源に乏しい国であり、過去の戦争で多くの資源を消費してきたため、戦後は、製造業の輸出を推進力として成長してきた。日本経済の発展には、原材料を海外から輸入し、これを加工して付加価値を付け、海外のマーケットに販売して外貨を稼ぐ、そうして得た資金を再び製造業の原材料輸入に投下して再び生産を行う、というサイクルを回す必要があったのである。輸出によって獲得した資金の一部は、新たな設備投資や研究開発等にも投下され、生産量の拡大やコストの削減、品質の向上、製品機能の高度化、などさらなる付加価値の拡大に貢献してきた。

　日本経済の発展にはグローバルな物資のやりとり、すなわち輸出と輸入の拡大が欠かせないものであったが、現在の日本経済が直面しているグローバリゼーションとは、こうした経済発展期のそれよりも、さらに多くの国々が関わりあう、より複雑なものになっている。第4章の伝統的産業のところでも述べるが、戦後日本の主たる貿易相手国はアメリカであり、世界の経済もアメリカ、及び米ドルを中心に回っていた。西側諸国の一員となった日本にとっては、製造業を中心に、最大のマーケットであるアメリカを如何に開拓するか、が最大の関心事であった。日本は、為替変動のリスクや繊維・鉄鋼・電機・自動車など主要産業分野でのアメリカとの貿易摩擦といった難題に直面しつつも、アメリカという巨大マーケットを開拓し、輸出を拡大すること

によって経済を発展させてきたのである。

　しかしながら、1990年代後半以降、中国をはじめとする新興国の経済が、その巨大な人口を背景として存在感を増してくる。経済発展の初期段階における新興国は、先進国の製造業が低廉な労働力を調達する場として位置づけられていた。しかし、各々の国の所得が上昇し、人々の暮らしが豊かになるに伴って、巨大な消費マーケットとしてのポテンシャルが拡大している。日本の経済発展にとっても、これら魅力的なマーケットへの進出が不可欠であるが、すでに様々な国の企業が進出しているため、日本の企業は海外のライバル企業との厳しい競争を戦わなければならない。

　新興国の経済発展は、一方で日本が得意としてきた製造業（モノづくり）の分野での競争優位を脅かす原因ともなっている。国内の製造業は、低廉な労働力を求めて新興国に製造拠点を次々と展開してきたが、現地に移植された製造技術やノウハウはやがてその国の企業・労働者に吸収、獲得されていく。品質面で日本製に見劣りしない現地メーカーが台頭してくると、日本の製造業は、世界の様々なマーケットでこうした企業、及びその製品との競争を余儀なくされる。

　新興国の経済成長は、巨大な消費マーケットが立ち上がることによるビジネスチャンスの拡大、というプラスの側面とともに、日本企業の強みであったモノづくりの分野での競争力の低下、というマイナスの側面をも併せ持っている。

・大手企業と中小企業の格差

　グローバリゼーションの拡大とこれに伴う構造的な変化に対して、日本企業も様々な対策を講じている。詳細については別の項に譲るが、その対応には大手企業と中小企業とで差がある。

　大手企業の一部においては、経営のグローバル展開にいち早く着手し、世界規模での経営戦略・事業戦略を展開している。製造拠点の海外移転をはじめ、地球規模でみた最適な機能配置やサプライチェーンの構築を図っている。人材の調達や配置についても同様である。こうした取り組みは、企業にとっては合理的な行動であるが、例えば、製造拠点のグローバル展開とは、日本

国内から生産機能が消失することであり、いわゆる産業の「空洞化」を招いて、地域の雇用機会を奪うものである。さらにモノづくりの技術の伝承やスキルアップの機会が失われることを通じて、日本経済の競争力にとってマイナスに影響する。

　一方、大手企業との取引によって経営を維持してきた多くの中小企業においては、大手企業のグローバル展開に同調するだけの企業体力や人材に乏しいため、これまで構築してきた取引関係やビジネスモデルを見直す必要に迫られているところが少なくない。思い切って海外進出を進める、国内に残って他の取引ルートを探索する、蓄積してきた技術を活かして新たなビジネス分野に参入する、他社と合併して生き残りを図る、会社を売却して廃業する等、様々な選択肢が考えられる。しかし、事業継続する場合には、いずれにせよこれまでのビジネスモデルを転換する必要があり、国内外の企業との間で価格や品質面で厳しい競争に晒されることになる。

　加えて、中小企業には、経営者の高齢化に伴う事業承継、後継者問題が深刻化しつつあるうえに、大手企業と比べて優秀な人材を新たに調達することが難しく、いずれを選択するにせよ、その先にあるのは決して平坦な道ではない。このように、大手企業と中小企業との間で経営面での格差が拡大しつつあり、製造事業所の数が年々減少の一途を辿っていることも、こうした事情を背景としたものといえよう（図表I-1-3）。

　では、大手企業が安泰なのかといえば、そういうことでは全くない。世界のマーケットの動きは複雑であり、またその変化のスピードも速い。グローバル経営が比較的進んでいる大手企業においても、会社の将来を担う主力事業として期待し投資を行ってきたものが、わずかの間に海外の企業にそのマーケットを奪われて、気付いたときには経営の足を引っ張る「お荷物」事業、業績低迷の主犯とされるような事態が起こっている[1]。ビジネスのスケールが世界規模となり、その変化のスピードが速くなればなるほど、企業の経営戦略と現実との間にズレが生じやすくなる。適切な軌道修正が迅速に行われない場合、取り返しのつかないような大きな損失を生じさせてしまうリスクが高まっている。

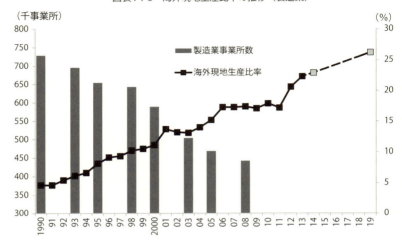

図表 I-1-3 海外現地生産比率の推移（製造業）

（資料）内閣府経済社会総合研究所「企業行動に関するアンケート調査報告書」
　　　　経済産業省「工業統計」
（注1）海外現地生産比率＝海外現地生産による生産高／（国内生産による生産高
　　　　＋海外現地生産による生産高）
（注2）製造事業所は全事業所　　2014年は見込み　2019年は見通し

・失われつつある競争力の源泉

　業績が悪化した企業が経営の立て直し策としてよく用いるのが、リストラクチャリング、いわゆるリストラである。リストラの本来の意味は「事業の再構築」であるが、多くの場合、不採算部門の切り離しが先行して行われ、希望退職などの形で少なからぬ人材が企業の外部に流出することになる。しかし、その中には日本のモノづくりを担ってきた優れた人材も含まれており、技術の喪失、海外流出などによって日本の製造技術の低下を加速させ、日本経済の競争力をさらに弱体化させることにつながりかねない。これまで日本経済の国際競争力の「源泉」とされてきた「人、モノ、技術」が急速に失われている危機的な状況にある。

（2）少子高齢化の進行

・減少する生産年齢人口

　戦後の経済成長期には存在しなかった構造変化の一つに「少子高齢化」の

図表 I-1-4　日本の将来推計人口（平成24年1月推計）

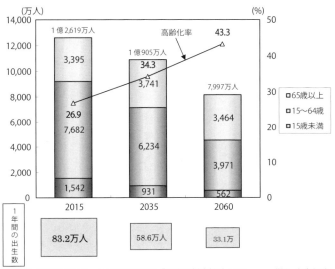

（資料）国立社会保障・人口問題研究所「日本の将来推計人口」　　（注）出生低位、死亡中位推計

進行がある。日本の人口は、現在すでに減少局面に入っており、今からおよそ40年後の2052年には9千万人を割り込むとの予測がある。その一方で、高齢化率（総人口に占める65歳以上の人口の割合）は着実に上昇して41.5パーセントを占め、10人のうち4人以上が65歳以上になるものと推計されている。

　少子高齢化の進行は、まず生産年齢人口（15歳～64歳）の減少となって日本経済に影響を及ぼす。付加価値を生み出す主体としての労働力の絶対数が減少することは、日本の経済力が縮小することに直結する。国立社会保障・人口問題研究所の推計によれば、2015年には7,682万人で総人口の61パーセントを占めていた生産年齢人口は、その45年後の2060年には3,971万人、総人口の49.7パーセントと半分以下にまで減少する（予測はいずれも出生低位、死亡中位の場合）（図表I-1-4）。

・縮小する国内消費マーケット

　人口減少、高齢化率の上昇は、日本というマーケットの構造にも大きな変化を及ぼす。一般に消費が活発とされる若年層、中年層の絶対数が減少することは、GDPの6割を占める個人消費を減少させる原因となる。また、日本の消費マーケットがかつてのような購買力を失うことで、海外から見たときの、貿易や投資に関する日本の魅力が低下する、といった悪影響が懸念される。

・増大する社会保障関係費

　高齢者の増加は、医療費や介護費などの社会保障関係費の増大につながる。一般会計予算に占める社会保障関係費の割合はすでに30パーセントを超えて、今後もその拡大が予想されている。日本は、歳入の半分を国債などの借り入れに依存しており、国債借入依存度を引き下げて財政を健全化することは国際的にも大きな課題となっているが、高齢化に伴う社会保障関係費の増大圧力は、国債借入依存度のさらなる上昇と財政の硬直化を招き、日本経済への国際的な信用低下、さらには消費税増税や介護保険料の引き上げ等による国民負担の増加につながりかねず、持続的な経済発展を阻害する要因となりかねない。

(3) 産業社会の変容
・変化する企業経営の価値観

　グローバリゼーションの拡大や少子高齢化の進行などの影響により、日本の産業社会はその姿を変えつつあるが、企業経営における価値観もまたその一つである。

　現在の価値観と経済成長期のそれとは大きく異なっている。日本経済が成長を続けている状況下では、企業の経営者にとっての最も重要な使命は、自らの事業規模や売上高を大きくすることであった。1960年代後半に「大きいことはいいことだ〜」というテレビコマーシャルが流行したが、まさに当時の産業社会の雰囲気を映したものであった[2]。

　その一方で、競合他社を意識した経営戦略、すなわち「横並び」への意識

も強かった。ある企業が新しい商品を市場に投入すると、そのライバル企業もすぐさま同じような商品の開発に全力をあげた。1950年代半ばには、電気冷蔵庫、電気洗濯機、白黒テレビが「三種の神器」とされ、また経済成長期の1960年代半ばには、カラーテレビ、クーラー、自家用車が「新・三種の神器」と呼ばれ、国民生活の豊かさを象徴するものとされた[3]。国民が求めるものが現在よりも単純明快で、消費者のニーズが比較的同質であったこの時代においては、ヒット商品に追随して品揃えすることで、一定の売上規模やシェアの獲得を期待することができたのである。また、業界によっては行政による規制が色濃く存在し、経営の自由度が制限される反面、海外の企業との厳しい競争からは守られている状況があった。

　経済の高度成長が終わり、マーケットの大きな拡大が期待できない状況では、企業の多くは、事業規模や売上高に拘った経営から収益性を重視する経営へとその方針転換を余儀なくされている。また、消費者のニーズが複雑化、多様化してくると、国民的な大ヒット商品は生まれにくくなる。特定のセグメントにターゲットを絞り、そこに経営資源を集中することでいち早く競争優位を確立し、圧倒的なシェアを獲得することによって先行者利益や独占的利益を獲得する、などといった他社との違いを明確にした事業戦略が強く意識されるようになっている。

　また、貿易や商取引の自由化が世界の潮流となりつつあり、国内マーケットの開放が国際的に求められる中では、これまで企業の経営を縛りつつも、その一方で海外との競争から国内企業を守ってきた諸々の法規制が徐々に緩和されつつある。これに伴って海外から新たな企業の参入が増えており、日本の企業は国内のマーケットにおいても海外の商品・サービスとの熾烈な競争を強いられる。

　国内のマーケットが伸び悩み、海外の商品・サービスとの競争が厳しさを増す中で、企業がその成長を維持するためには、海外の成長するマーケットを意識した経営戦略が不可欠である。ただし、日本で成功したものがそのまま海外のマーケットでも同じように受け入れられる保証はない。海外で成功するためには、現地ユーザーのニーズを把握することはもちろん、当該国・地域の法規制や商習慣、生活スタイル、宗教上の制約、色やデザインなどの

嗜好、等々についての十分な知識と理解が必要である。そのうえで、現地の強力なライバル企業との競争を勝ち抜くための戦略や戦術が求められる。最近では、日本国内で開発した商品をいかにして海外のマーケットに適合・浸透させるか、という発想ではなく、最初から海外のマーケットに投入することを念頭に、世界標準（グローバルスタンダード）の獲得を意識した商品開発やサービス設計を行うことの重要性が増している。国内の携帯電話に象徴されるように、日本人のマーケットだけを対象にした商品開発競争は、世界の中で通用せず、いわゆる「ガラパゴス化[4]」を招く恐れがある。こうしたリスクを回避しつつ、より巨大なマーケットをターゲットとする商品開発の発想が重要である。

・変化する労働の価値観

　経営の価値観が変化する一方で、働く側、すなわち労働の価値観にも新たな変化が顕在化しつつある。経済成長が今後も期待される状況では、企業は事業規模や売上の拡大を目的とした経営を展望することは前述したとおりであるが、そのためには、企業の成長を支える社員を安定的に確保することが必要となる。詳しくは後述するが、「年功序列」、「終身雇用」といった人事のしくみが日本企業に永らく定着してきた背景には、こうした事情がある。企業に入社すると、社員は、その企業の経営スタイルに馴染み、その企業にとって有用な知識・能力を身に付ける代わりに、定年までの雇用が保証される。その企業のためだけに働くことを求められる代わりに、その企業に「奉公」した年月、年齢に応じて給料は上がり、一定の年齢に達すれば、課長や部長といった管理職ポストに処遇されることも期待できる。しかし、同期で入社する社員も多いため、ライバルよりいち早く出世するために家庭を犠牲にしてでも仕事を優先する「モーレツ社員」が生まれてくるわけである。

　国内経済が低成長の時代に入り、事業規模や売上の拡大が容易でない状況になると、企業は規模の拡大ではなく生産性の向上やコストの削減を図り、限られた人数の中でできるだけ大きな収益をあげる、という経営方針に転換する。これは、企業の成長・拡大を前提とした「年功序列」や「終身雇用」といったしくみが成り立たなくなることを意味する。経営を取り巻く環境が

厳しさを増し、適切でかつ迅速な意思決定がこれまで以上に求められるようになると、企業は、必要最小限の優秀な正社員を確保することを優先し、適宜必要となる技能・機能については外部資源を活用し、景気循環による業績の変動等については、人件費の変動費化、すなわち非正規社員の拡大によって吸収しようと考える。

雇用形態の多様化と人材の流動化が拡大することに伴い、労働の価値観も（好むと好まざるとに関わらず）、これまでの会社を中心とした考え方から、働く個人を中心とした考え方へとシフトする。すなわち、会社とは「一生を捧げて勤めあげるもの」ではなく、「個人のキャリアを高めるための一つのステージ」となり、キャリアアップとは、「多くのものを犠牲にしてでも社内でライバルを蹴落として出世すること」から「希望する仕事や職業に近づくため、それに必要な能力に磨きをかけること」へと変化している。

・乖離する世代、拡大する格差

日本の産業社会の変容に関して、経営者や労働者などとは別の問題として、世代間の乖離や様々な格差の拡大といった事象にも注目しておく必要がある。

戦後日本の産業発展の牽引役となったのは、東京、大阪といった大都市であった。多くの企業はこれら大都市に拠点をおき、自らの発展のため多くの労働力を必要とした。そのため、地方部から大都市への人口の大移動が発生した。その結果、大都市には過密の問題が生じ、地方部には過疎の問題が顕在化した。何世代もが同じ屋根の下に暮らす「大家族制」が崩れ、夫婦と子供だけが都市に独立して暮らす「核家族化」が1950年代から60年代にかけて急速に拡大したのである（図表I-1-5）。これにより、親の世代と子供の世代との間で物理的な、あるいは精神的な乖離がおこり、異なる世代が互いに交流する機会も大きく減少した。こうした核家族化の拡がりは、その後の世代（すなわち、子供の子供の世代）にも引き継がれることとなる。

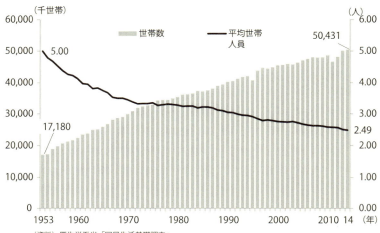

図表 I-1-5 世帯数と平均世帯人員の推移

（資料）厚生労働省「国民生活基礎調査」
（注）1995年の数値は兵庫県を除いたもの
　　　2011年の数値は岩手県、宮城県、福島県を除いたもの
　　　2012年の数値は福島県を除いたもの

　また、日本の人口構造の変化は、医療や年金などという国の基本的な社会保障制度における世代間の不公平、不平等を引き起こしている。年金制度は高齢化の急速な進行によって存続の危機にあるとさえいわれており、年金制度を維持するために支給開始年齢が年々引き上げられるなど、現在年金を受給している世代などと比べて、今の若い世代は不利な状況にある。

　企業経営を取り巻く状況が厳しさを増す中で、企業間の格差は、大手と中小といった規模の間の格差だけでなく、同規模、同業種の企業の間でもますます拡大しつつある。横並びが許されない経営環境の下では、企業経営の巧拙や意思決定のスピードが、これまで以上に個々の企業の業績に大きく影響するためである。

　雇用構造が変化し、非正規比率（雇用者に占める非正規雇用者の割合）が35パーセントを上回ってさらに増える傾向にある状況では、所得格差がさらに拡大することが懸念される（図表 I-1-6）。年功序列型の賃金制度が崩れつつあるとはいえ、正社員の賃金は年齢や勤続年数とともに増える傾向にあ

図表 I-1-6　正規雇用者と非正規雇用者の推移

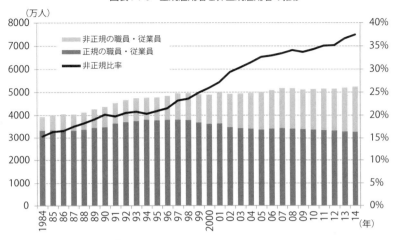

（資料）総務省「労働力調査」
（注）2011年は東日本大震災の影響により、岩手県、宮城県及び福島県において
　　　調査実施が一時困難となったため、補完的に推計した値

るのに対し、非正規社員の雇用は不安定であり[5]、賃金は男女とも年齢が上がってもほとんど増えていない。所得格差の拡大は、ワーキングプアの増加や未婚率の上昇、さらには教育格差の拡大など、現代の日本が抱える社会問題の原因の一つとなっており、非正規比率の上昇は、これらの問題をさらに深刻化させる恐れがある。教育格差の拡大は、次の世代に所得格差を継承する原因ともなる。

　教育水準が高く社会的な格差が小さい、という日本社会の特徴は、戦後の経済成長と産業社会の安定に貢献するところが大きかった。顕在化しつつある様々な格差問題に日本としてどう対処するか、はこれからの社会の安定と経済の持続的発展を展望するうえで大変重要であるが、しかし同時に難しい課題である。

注

1）最近では、シャープやパナソニックが液晶パネルやプラズマパネルの増産に向けて行った巨額な投資がこうした例に該当する。
2）森永製菓のエールチョコレートのコマーシャル。森永製菓のＨＰには、「今までの日本は、小さな幸せ、慎ましやかな幸せが美徳とされてきた。これまでにない速さで経済大国の道を歩みつつあるこれからは、もっとのびのびと胸を張って、大きいことはいいことだと主張しよう」という社内の議論のもとに作成した、とある。
3）歴代の天皇が継承してきた宝物（八咫鏡・八尺瓊勾玉・草薙剣）に準えて、その当時の生活必需品、消費のシンボルを示す言葉として用いられる。白黒テレビ・洗濯機・冷蔵庫が「三種の神器」、カラーテレビ (Color television)・クーラー (Cooler)・自動車 (Car) が「新・三種の神器」とされ、その英語の頭文字から 3C とも呼ばれた。その後、デジタルカメラ・DVD レコーダー・薄型テレビを「デジタル三種の神器」と呼ぶこともある。
4）ある製品が孤立したマーケットの中だけで進化を遂げる一方で、外部との互換性を失ってしまうことを、進化論におけるガラパゴス諸島の生態系に準えて表現したもの。日本の携帯電話が世界標準からかけ離れたところで高機能化（進化）した状況を、警告の意味を込めてこのように表現することがある（ガラパゴス携帯／ガラケー）。
5）2008 年に発生したリーマンショックによる景気の急激な悪化により、製造業などを中心に大規模な労働者派遣契約の打ち切りと派遣業者による労働者解雇・雇い止めが発生、「派遣切り」などという言葉が広まる契機となった。同年の年末、及び年始には、契約を切られた人々の一種の避難施設として東京の日比谷公園に「年越し派遣村」が開設されるなど話題を呼んだ。

第2章　産業社会と人的資源
2.1　産業社会の構造変化
(1) 産業構造の変化
・産業構造とは

　「産業構造」とは、その国や地域の産業の姿やかたちを意味する。産業構造を分析することにより、日本の経済、産業社会の特徴はもちろん、その変遷や問題点までをも明確にすることができる。

　産業構造を分析するためには、産業をいくつかに分類する必要がある。産業を、第一次産業、第二次産業、第三次産業の3つに分類する方法が用いられることがある。これは、コーリン・クラークが『経済的進歩の諸条件』(1941)において、産業を第一次産業、第二次産業、第三次産業に分類したうえで、経済発展に伴って産業の中心が、第一次産業⇒第二次産業⇒第三次産業の順にシフトしていくことを示したことに由来する。こうした経済発展のパターンは、「ペティ＝クラークの法則[1]」と呼ばれ、先進国における産業発展において特徴的にみられる経験法則であるが、戦後日本の産業構造の変化にもこの法則が当てはまる。戦後しばらくの間は、農業、林業、水産業といった第一次産業が大きなウエイトを占めていた。しかし、その後、製造業を中心として経済が急速な成長・発展をとげ、第二次産業のウエイトが高まっていく。やがて、産業が高度化するに伴い、第一次産業、第二次産業を除くサービス業を中心とした第三次産業の占めるウエイトが大きくなっている（図表I-2-1）。

　日本の公的統計においては、「日本標準産業分類」が用いられる。これは、産業分類を定めた総務省告示であり、産業分類を統一するために統計法に基づき1949年（昭和24年）に制定されたもので、その後の新産業や新制度の状況、既存産業の状況変化等を踏まえて13回の改定が行われてきた（最新の改定は、2013年10月）。分類された産業は、「財又はサービスの生産と供給において類似した経済活動を統合したものであり、実際上は、同種の経済活動を営む事業所の総合体」と定義される。日本標準産業分類は、大分類、中分類、小分類、細分類の4段構成になっており、大分類20、中分類99、小分類530、細分類1,460で構成される。この日本標準産業分類を用いて産

図表 I-2-1　産業別就業人口の推移

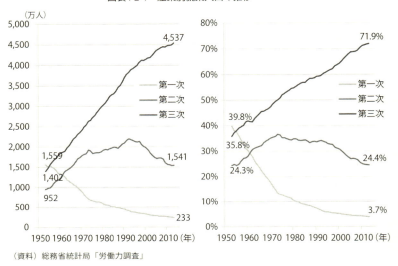

（資料）総務省統計局「労働力調査」

業構造を時系列でみると、比較的短い期間に大きな変化があることが分かる。

・リーディング産業の変遷

　一方、日本経済の成長・発展を主導するような産業を「リーディング産業」と呼ぶことがある。リーディング産業は、その時代の「花形産業」であり、学生の就職先としても人気が高いが、これも時代とともに移り変わっている。戦後日本のリーディング産業の多くが製造業であり、最初に登場するのが「繊維工業」である。

　繊維工業は、1950年までにレーヨン糸およびステープル関係の配給統制、価格統制や設備統制が全撤されたことや、1950年6月に勃発した朝鮮戦争により化学繊維製品の需要が国内外ともに急速に拡大したことを契機として発展し、いわゆる「糸へん景気」が1951年春まで出現する。「〇〇紡績」などの糸へん産業は当時の花形産業として人気を集めることとなる。

繊維工業に次いで日本経済の主役になるのが、化学、鉄鋼といった重厚長大型の産業である。特に鉄鋼業は、「鉄は国家なり」という言葉が示すとおり、国内の産業が発展するうえで重要な役割を担った。道路・鉄道といった産業インフラを整備するにも、電気製品、自動車といった機械器具やその部品を製造するにも鉄は必要不可欠な材料であり、これまでの産業発展の過程においてはもちろん、現代においても日本の発展を支える重要な産業であることは間違いない。

　鉄鋼業に代表される重厚長大型の産業に続くリーディング産業として登場してくるのが、電気機械、輸送用機械などの「機械工業（機械器具製造業）」である。重厚長大型に対して「加工組立型」と呼ばれるこれらの産業は、現在でも日本経済の中核を担っている。テレビなどに代表される電気機械器具製造業、自動車に代表される輸送用機械製造業は、いずれも日本のモノづくりの優秀さを象徴する巨大な輸出産業でもある。これらの産業の最終製品は、数多くの部品・パーツを組み立てることにより製造されるため、部品・パーツを供給する多くの産業（製造業）との取引が必要になる。産業を支える産業、いわゆる「サポーティング・インダストリー」を傘下に抱える巨大なピラミッド構造を有する点も特徴の一つである。

・変化の方向

　日本経済の成長力は、これらの製造業が次々と産業発展をリードする形で産業構造を変化させることにより維持されてきた。しかし、新興国の経済発展やグローバリゼーションの進展等、日本を取り巻く環境はダイナミックに変化しており、日本の製造業が有してきた絶対的な競争優位性は大いに揺らいでいる。具体的には、繊維工業のような労働集約型製造業はコスト競争力が失われたことで国際競争力が低下し、新興国にそのマーケットを奪われて、産業構造におけるウエイトを落としている。低価格の汎用型商品を大量に生産し、薄利多売によって収益を稼ぐ、というビジネスモデルは、人件費や光熱費等のビジネスコストが高い日本においては、すでに成り立たなくなっており、日本がかつて得意としてきたモノづくりのうちの一定の部分が、新興国に取って代わられる事態となっている。日本の製造業は、労働集約型から

資本集約型へ、大量生産から少量多品種生産へ、さらに薄利多売から高付加価値・ブランド創造へ、とビジネスのモデルチェンジを迫られているのである。

　日本は「モノづくり」によって成長し、世界経済にも多大な貢献をしてきたが、モノづくりからさらに発展し、新たな「価値づくり」によって世界の発展に貢献する国へ、とその立場や求められる役割が変化しつつある。

（2）グローバリゼーションの影響
・新興国マーケットの成長
　日本の産業社会の構造変化には、新興国における経済発展が大きく影響している。21世紀に入り、中国などアジアの国々は経済的に大きな発展を遂げつつある。新興国は日本など先進国にとって、安価な労働力の調達を目的とした製造拠点としての位置づけから、強力なライバル企業を有する国へと変貌しつつある。それは、低価格の汎用製品の製造だけでなく、高度な技術を必要とする製品の製造や精密な加工技術など、日本が得意とする分野にも及び、そしてその差はかなり縮小してきている。日本企業は、国内や欧米先進国のライバル企業に加えて、これら新興国の企業とも、国内及海外のマーケットで厳しい競争を戦わなければならない。

　一方、かつての日本がそうであったように、産業の成長はその国の国民を豊かにする。それは、新興国において巨大な消費マーケットが新たに立ち上がることを意味する。日本企業としては、成長を続けるマーケットに進出して成功を収めることが経営戦略上の重要なテーマとなる。

・アメリカ中心から多極型経済へ
　戦後の日本にとって、アメリカは最大の輸出相手国であり、経済発展の目標であり、お手本であった。世界経済においてもアメリカは唯一の超大国であり、良い意味でも悪い意味でも、アメリカを中心に世界が動いていた。ところが、中国が急速な経済発展を遂げて世界第二の経済大国となり、その他の新興国の成長もあって、世界経済におけるアメリカの相対的な地位は次第に低下しつつある。また、イランやイラクとの戦争やニューヨークにおける

同時多発テロなどを経て、アメリカの政治的な影響力の低下が顕在化する一方、アラブ・イスラム圏の国々の存在感が増大し、国際社会におけるパワーバランスは一段と複雑化している。世界経済は、これまでのアメリカを中心とするものから多極型の経済へとその様相を変えはじめている。

・経済連携の拡がり

　世界経済の多極化は、貿易や商取引など国際間のビジネスの構造にも影響を及ぼしている。経済の多極化に伴い、国際間の貿易や商取引などのルールや取り決めなどに関しても、よりグローバルな枠組みを目指す動きが拡がりを見せている。

　国際間の貿易や商取引などの枠組みやルールで注目されるのが、自由貿易協定（FTA／Free Trade Agreement）や経済連携協定（EPA／Economic Partnership Agreement）などの動きである。FTAとは、国や地域同士で「輸出入にかかる関税」や「サービス業を行う際の規制」をなくすための国際的な協定であり、EPAとは、FTAの内容に加えて「投資環境の整備」、「知的財産保護の強化」、「技術協力」などを含むさらに包括的な国際協定のことである。国際間の貿易や投資においては、自国の産業を保護する目的から様々な障壁、例えば関税などが存在する。関税等の貿易障壁を取り払い、もしくは大幅に引き下げることで貿易の量や商取引の拡大に結び付け、お互いの国益の拡大につなげようというのがFTAやEPAの狙いである。新興国の経済発展とともに、先進国などとの間で協定の締結が進められてきた。これらの協定は、貿易や投資を自由化することによって双方のメリットが大きくなる二国間で締結されるのが基本であったが、最近では、多国間、グローバルなエリア単位での締結を目指す動きが活発である。2015年10月にようやく大筋合意に至った「環太平洋戦略的経済連携協定」（TPP／Trans-Pacific Strategic Economic Partnership Agreement）もその一つである。世界の国々の経済活動が活発になるとともに、グローバルな拡がりを持った経済連携の強化、経済圏形成の動きが急速になりつつある。

　経済連携の動きは、日本企業にとって、国内の経済活動はもとより海外での経済活動にも大きな影響を及ぼす。日本が他国とFTAやEPAの締結を拡

大することにより、これまで関税などで保護されてきた業種・商品にとっては、安価な海外産品の輸入が増えることで、国内のマーケットにおいて不利になる恐れがある。また、他の国における協定の締結状況によっても、日本製品の海外マーケットにおける競争条件に不利な影響が出る場合がある。アメリカとの関係だけでなく、世界各国の動きを見極めながら、特定の産業の利害のみに囚われることなく、日本の産業全体として不利益を蒙らないよう、適切な政策を講じていくことが求められる。

・海外生産の拡大

　新興国をはじめとする世界経済の発展に伴い、日本企業にとっての海外マーケットの重要性が増大していることは前述したとおりであるが、その対象は、輸出を中心としたものから海外生産によるものへ、とその形を変えつつある。かつては、繊維や鉄鋼、自動車などの分野で輸出が拡大し、アメリカとの間で貿易摩擦が勃発、日本企業が海外生産を拡大させる契機となっていた。しかし近年では、日本から海外の輸出先への輸送コストやリードタイムの削減に加え、現地のニーズや嗜好等を十分に反映したモノづくりやサービス提供の重要性が一層高まっていることなどが、海外生産、現地生産を拡大する動機の一つとなっている（図表 I-2-2）。

　さらに、円高の進行が海外生産を加速させる大きな要因となっている。日本の輸出産業は、これまで円高に伴う海外マーケットにおける価格競争力の低下を、生産コストの削減や生産効率の向上、魅力的な商品の開発や販売努力等によって吸収してきた。しかしそれにも限界はある。新興国における生産能力・技術の向上もあり、為替リスクを回避するために海外に生産拠点を移す動きが進行している。第二次安倍内閣による経済政策、いわゆるアベノミクスの効果で、一時の超円高水準が是正され、円安方向に為替が動いたにも関わらず、日本からの輸出は期待したほどには伸びていない。日本の製造業における生産機能の海外シフトといった構造変化が、その背景にあるものと思われる。

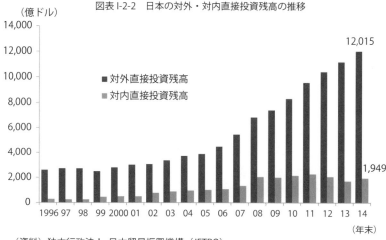

図表 I-2-2　日本の対外・対内直接投資残高の推移

（資料）独立行政法人 日本貿易振興機構（JETRO）

・**グローバルな機能配置**

　これまで述べてきたように、日本の製造業は、「国内で企画・製造したものを海外に輸出して販売する」といったビジネスモデルから転換し、地球規模で最適な機能配置を検討し、それを実行に移すようになっている。海外のマーケットの状況を睨みつつ、原材料の調達から加工・組み立て、製造・販売まで、最適と考えられる国や地域を選択して機能配置を決定するようになっている。もし、国際情勢などの諸条件が変化すれば、新たにサプライチェーンを再構築する。こうした動きは、本社などの経営中枢機能についても同様である。最近では、迅速な意思決定や経営の効率化、現地ニーズの製品・サービスへの反映、などの目的から、アジアや中南米といった広域なエリアを管轄する「地域統括機能（拠点）」を設置・強化する動きがある。これらは、人事・労務管理、金融・財務といったコーポレートの機能や生産管理・商品企画、研究開発などの製造関連サービスの機能を提供するものである。

　グローバルマーケットの拡大は、企業に対して大きなビジネスチャンスを提供する一方で、グローバルな観点から適切な経営判断を常に迫るものであ

る。僅かな意思決定の遅れや判断の誤りが業績に大きく影響するだけでなく、企業の存立すら脅かしかねない。

- **地球環境、資源・エネルギー問題**

　地球環境や資源・エネルギーの問題は、もはや特定の国や地域に限定されるものではなく、グローバルな観点から検討するべきテーマとなっている。中国における大気汚染物質（PM2.5）が日本にも飛来して騒ぎになっているほか、オゾン層の破壊や二酸化炭素などの温室効果ガスによる気温の上昇が北極圏や南極圏の氷を消失させる一方、干ばつや水害の発生、台風の大型化などの異常気象の原因とされている。

　地球温暖化や気候変動は、「物理リスク」、「規制リスク」、「市場リスク」などの形で産業活動に共通して影響を及ぼす、とされている。例えば、海水面の上昇という物理的なリスクは、臨海部に立地する企業の経済活動に致命的なダメージを与える恐れがあり、干ばつによる砂漠化の進行は、世界の農作物等の生産活動にダメージを与え、衣料や食品などの産業に大きな影響を及ぼす（詳細については後述）。

　地球温暖化や気候変動の問題に関しては、すでに国際的な枠組みの中で議論が進められている。温室効果ガスの排出削減に関しては、「京都議定書[2]」など国際間の締約のもとに様々な対策が実行に移されてきた。しかし、温室効果ガスの排出削減は、一方では企業活動を制約し、対策のためのコスト負担を要求するものであるため、環境政策の動向によっては、企業の国際競争力を削ぐリスクとなりかねない（規制リスク）。こうした観点から、日本を含む先進国と新興国・発展途上国との間には、温室効果ガスの排出削減に関して立場の違いがあり、地球全体として十分な温暖化抑制効果があがっているとはいい難い。

（3）地域経済の衰退
・経済活力の低下

　産業社会の構造変化を考えるうえで重要な視点の一つに「地域経済」の問題がある。民間研究機関の「日本創成会議」は、「全国約 1,800 の自治体の

うち896の市区町村が2040年までに消滅するかもしれない」といったショッキングな試算 3) を発表したが、地方再生、地域経済の活性化は、日本経済が持続的な発展を維持していくうえで極めて重要な課題である。安倍内閣が「地方創生」を重要な政策の柱の一つとして位置付けているが、それは極めて当然のことである。

地方の再生、地域経済の活性化は、現在の産業社会が直面する課題であるが、同時に、戦後の日本がこれまで取り組んできた長年のテーマでもある。日本の経済成長に並行して都市部と地方部の格差が拡大し、過密と過疎の問題が表面化した。この事態に対して、国・政府は、地方への産業機能の分散を図るべく、様々な産業政策を展開した。しかし、多くの場合、全国画一的な産業団地・研究所団地の開発事業と誘致活動の域にとどまり、地方空港や高速道路などの産業インフラの整備が進められたにも関わらず、製造・開発機能以外の産業機能が地方に定着するまでには至っていない。むしろ企業の本社など経営中枢機能の東京一極集中はさらに進み、経済のグローバル化に伴って、工場などの製造・開発機能は海外に拡散する傾向にある。製造・開発機能の海外移転によるダメージを最も受けるのが、これまでその受け皿となっていた地域経済である。少子高齢化の進行や労働力人口の都市部への流出に加え、工場の閉鎖・海外移転によって雇用の場が失われつつあることで、地域経済が成長する原動力や人材を吸引する力が大きく低下している。

・増加する負担

地域の経済活力が低下する一方で、高齢者の増加に伴う医療や福祉などの社会保障関係費や老朽化する社会・産業インフラの維持・管理費、加えて防災対策など、地方の負担は増加する傾向にある。例えば、地方公共団体管理下の修繕が必要とされる橋梁のうち85パーセントが未実施だというデータがある。地方部の自治体にとって、企業の減少や労働力人口の流出で租税収入が減る一方、こうした支出だけは確実に増加するため、財政運営は厳しさを増すばかりである。地方自治体の財政の弾力性、余裕度を見る指標に「経常収支比率」がある。都道府県税や地方交付税など毎年経常的に収入される使途の制限のない一般財源が、人件費や扶助費、公債費など毎年固定的に支

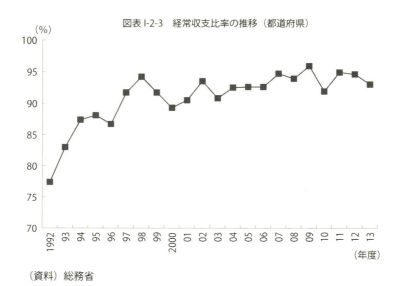

図表 I-2-3　経常収支比率の推移（都道府県）

（資料）総務省

出される経常的歳出にどの程度充当されているかを示すもので、かつては都道府県では 80 パーセントまでが適正水準とされていた。しかし、2013 年度の都道府県の平均は 93.0 パーセントとなっており、すでに適正水準を大きく上回る状況にある（図表 I-2-3）。

　地域経済を活性化し、あるいは地方の魅力を創出するためには、そのための資金や人材、アイデア等が必要になるが、こうした要素が都市と比べて大きく不足する事態となっている。この不足を補いながら、地方の個性や特性を活かした活性化をいかにして実現するか、が今後の日本の産業社会にとって重要な課題である。

2.2　人的資源に関する問題点

　産業社会の構造変化は、企業経営や地域経済の活性化において重要な要素である人的資源に対しても様々な影響を及ぼしている。

（1）人事・組織制度のミスマッチ

　「人事・組織制度」は、企業が経営目標を達成するうえで重要な経営資源

の一つである「人材・人的資源」を上手くマネジメントするためのしくみ、制度である。日本経済が成長・拡大基調にある時期には、労働力（人材）が大幅に不足する状況が発生した。大都市に立地する企業の旺盛な需要にこたえるため、地方部から都市部へと大量の人口移動が発生したことはすでに述べたとおりである。個々の企業においては、必要となる人材を確保し、育成していくためのしくみ・制度の整備が求められることになる。それが年功序列、終身雇用などと呼ばれる特徴を持った人事制度である[4]。

「年功序列型の人事制度」とは、官公庁や企業などにおける勤続年数や年齢などに応じて組織内での役職や賃金が上昇するしくみのことを指す。勤続年数が長くなり、年齢が高くなるほどに社員・職員としての技術や能力が蓄積され、これに応じて企業の業績への貢献も大きくなる、という考え方が基本になっている。したがって、経験豊富な年長者ほど、管理職などのポストに就く割合が高くなる。

年功序列型の人事制度は、企業が今後も存続し、成長を維持し、組織が大きくなることを前提としたものである。多くの社員を採用し、彼らが一定の年齢に達した時期にそれなりのポストに処遇するためには、企業の規模が拡大し、組織も大きくなり、課長・部長などといった管理職ポストが増えていることが必要である。日本経済が成長段階にあり、企業組織も大きくなることが期待できる状況のもとでは、こうしたしくみは有効に機能した。ところが、日本経済の成長が鈍化し、企業の規模拡大が必ずしも期待できないようになると、組織の成長・拡大が前提となった年功序列型の人事制度は、その限界を露呈することになる。ポストが増えないため、一定の年齢に達しても課長・部長に処遇できない社員が増えてしまい、社員のモチベーションが低下する。勤続年数に応じて賃金が自動的に上昇するモデルでは、人件費コストが年々着実に増大するため、経営を圧迫する。

そこで企業は、勤続年数よりも業績評価・能力評価による選別を厳しく行うようになり、組織の中での役割や成果によって報酬が決まるような人事制度を採用するようになる。仕事の結果・成果のみによって評価を行い、報酬や人事を決定する方法は「成果主義」と呼ばれ、年功序列型の人事制度から生ずる問題を解決するものとして注目されることになる。しかし、その後の

あまりに極端な成果主義の進展は、個人や組織に様々な問題を顕在化させた。社員や組織は、結果・成果を追求するあまりにチームワークを無視した行動に走り、社内の雰囲気が悪化する。短期的な成果を優先するあまりに中・長期の取り組みが軽視されたり行われなくなったりする。失敗のリスクを懼れるあまりチャレンジングな行動がとれなくなる。これらは、成果主義がもたらすデメリットの典型的な例である。また、仕事の成果は売上や成約数などといった定量的に計られるものばかりではない。事務や管理、研究開発など定量化が難しい、あるいは短期的な成果が期待できない仕事に対して明確な評価基準や適切な目標設定を行うことは容易なことではない。そのため、考課者による適正な評価が行われず、その結果、人事評価に対する納得度が低下して社員の不満が拡大する、などの問題が生じる。さらに、年功序列型の人事制度のもとでは、上席者による部下への技術・技能、ノウハウなどの指導や継承が脈々と行われてきたが、成果主義の下では、こうしたことが評価されにくい。その結果、技術・技能の継承がうまく行われず、効率性の低下、品質の悪化等を招き、企業としての競争力を削ぐ結果となってしまう。

　成果主義の行き過ぎや制度の不完全さがもたらすデメリットが産業社会で認識されるようになると、企業の多くは、年功型人事制度の良い点は残しつつ、成果主義のデメリットをできるだけ回避するような形での制度設計、修正を行うようになる。例えば、職務基準、評価基準を詳細に設定することや、考課者訓練の実施による評価能力の向上、個人面談などを通じたコミュニケーションの強化、などである。

　年功序列と並んで、これまでの日本の人事制度を特徴づけるものとして「終身雇用」がある。戦後の経済成長期に、人材の確保が企業にとっての重要な課題であったことはすでに述べたとおりであるが、企業は自らの発展のために、社員の安定的な確保、長期雇用を優先するようになる。年功序列型の人事制度が拡大したこともあり、労働者も一つの企業で安定的に就労し、賃金のアップや社内での「出世」を目指すようになる。企業は社員に対して、定年までの雇用を維持する代わりに、その会社のためだけに貢献することを求める。ジョブ・ローテーションによって社内の様々な業務を経験させ、企業に特有の仕事のしかた、技術やノウハウを身につけた会社にとって有用で使

いやすい人材（ゼネラリスト）を社内で育成することで、適材適所に人材を配置することが可能になる。企業間での労働力の移動が少ない状況のもとでは、終身雇用は、社員を安定的に確保し、必要な能力を持った人材を企業内で効率的に育成して配置するためにも必要な慣行であった。

　1990年代以降、日本経済の成長力が鈍化して企業が国際間の厳しい競争環境におかれるようになると、過剰雇用の解消や人件費の抑制が大きな経営課題として捉えられるようになる。終身雇用や年功序列など、これまで企業の成長・発展を支えてきた日本的な雇用慣行は、逆に企業経営の足枷となっていく。企業は、配置転換や出向、早期退職制度の導入などによって人員のスリム化を進めるとともに、新規雇用を抑制し、有期雇用の拡大や、パート・アルバイト等非正規社員を活用することで、総人件費の抑制や変動費化を図るようになる。また、優秀な人材を中途で採用する場合、年功序列の賃金制度では処遇が難しいため、別の条件で中途採用するようになる。このように、終身雇用や年功序列型といった人事制度と、現在の企業経営が求めるものとの間のミスマッチが顕在化しつつある。

　しかし、成果主義的な人事制度が定着しつつあるのは、民間企業でも大手などの一部であり、官公庁や大学、また中小企業の多くは、年功序列型の人事制度が依然として色濃く残っている。また、民間企業でも正社員に関しては長期雇用の色合いがまだまだ根強い。なお、職人が持つ特殊な技術・技能を最大の経営資源とするような企業においては、年功序列、終身雇用型の人事制度が、技術の継承や技能者確保の観点からはよりマッチしており、このメリットを活かすために敢えてそのしくみを堅持している企業も存在する。年功序列、終身雇用が日本の多くの企業に定着してきたのは、それぞれに優れた点があるためであり、それらすべてが否定されるものではない。

（2）人的資源の偏在

　日本の産業社会が抱える問題として、人的資源の地域的な偏在を指摘することができる。経済成長期には、東京、名古屋、大阪といった大都市を中心に産業が発展し、多くの人口が三大都市圏に移動した（図表I-2-4）。これらの多くは、雇用の機会や出世・成功のチャンスを求めて主として地方部から

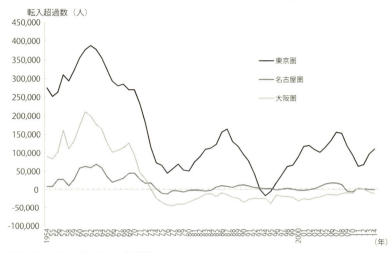

図表 I-2-4 人口の地域間移動の状況（大都市圏）

（資料）総務省「住民基本台帳人口移動報告」
各圏に含まれる地域は次のとおり。
・東京圏：東京都，神奈川県，埼玉県，千葉県
・名古屋圏：愛知県，岐阜県，三重県
・大阪圏：大阪府，兵庫県，京都府，奈良県

流入してきた若年人口であるが、地方部ではこれとは逆に多くの働き手を失うことになった。

都市部では、急激な人口増加に対応するため、住宅をはじめ、電気・ガス・水道、鉄道や道路などといったインフラの整備が急ピッチで進められた。東京の多摩ニュータウン、大阪の千里ニュータウンなどの大規模団地が各地で開発され、地方出身者の多くがこれらに入居し、都市での生活をスタートさせた[5]。都市部への人口集中は、様々な産業人材をも都市に吸引した。例えば、戦後、関西からは多くの新商品、ニュービジネスが生まれているが、その発明者や創業者は、こうした地方からの出身者であるケースが多い。その一方、地方の農村部などでは過疎化が急速に進行した。それまで主要な産業であった農林業は、その担い手の多くを都市部に奪われただけでなく、海外からの輸入品の拡大によって競争力が低下し、維持できなくなった農地や山林などが放置されるような状況も発生した。人口の減少は、商業などのサービス業の衰退をも加速させた（シャッター商店街の例など）。地方における産業の

衰退は、地方部の魅力をさらに減退させ、これがさらなる人口の流出を誘発する。また、若年人口の減少は、これまで農村住民の交流の核となっていた地区の行事やお祭りなどのイベントの維持・継続を困難にし、コミュニティ崩壊の危機をも招くことになった。

　人材の偏在は、単に都市と地方の問題だけではなくなりつつある。すなわち、企業の本社等、経営の中枢機能は、ますます東京に集中する傾向にあり、これとともに、経営人材の偏在は、東京とそれ以外の問題になりつつある。かつて、大阪は東京に次ぐ本社機能の集積地であった。現在、グローバルに活躍する大手企業のうち、大阪や関西が発祥の地であるところも少なくない。そうした企業であっても、実質的な経営機能は既に東京に移転しており、かたちの上では東京と大阪の二本社体制をとっていても、経営幹部の大部分は東京本社に常駐し、ほとんどの意思決定は東京本社で行われている、といったケースは珍しくない。大阪・関西のいわゆる「地盤沈下」は、実は戦後の経済発展期よりすでにはじまっている。大阪・関西は、東京に対抗するため臨海部の埋め立て・開発を行い、筑波学園都市に対抗してけいはんな学研都市を、成田国際空港に対抗して関西国際空港をつくった。大阪・関西の政財界によるこうした努力にもかかわらず、地盤沈下になかなか歯止めをかけられずにいる。

　東京は日本の首都で、国内最大の人口を有する大都市であり、国の機関も集中している。国際空港や国際港湾が整備され、経済活動をグローバルに展開するための拠点として最も有利な条件を備えており、企業や人材が集中して産業が発展するのも不思議ではない。しかし、東京に政治・経済の機能や人材という経営資源が過度に集中している、という構造自体が、大阪など他の大都市や地方部における産業発展、活性化を阻害し、国としての経済力を蝕む原因の一つとなっていることも否定できない。

（3）人的ネットワークの変容

　地方から都市への人口移動と核家族化の拡大といった構造変化は、これまでの人間同士のコミュニケーションやネットワークの形に大きな変化をもたらした。

地方部や農村部には、親と子、年長者と年少者といった上下やタテの関係、地縁・血縁といった濃密な人間関係が色濃く存在していた。こうした地域のコミュニティにおける人間関係は、これを構成する個々の人々を互いに扶助する側面とともに、それぞれの行動や活動を監視し、制限する側面も有していた。地方から都市へという人口の移動と核家族化の拡大は、これまで土地と人とを結び付けてきた共同体組織、いわゆる「しがらみ」から多くの国民を「解放」した。地縁や血縁などとは全く縁のない大都市で、各々が自由に考え、行動することができるようになったのである。
　こうして、都市に移住した人々は、地方や田舎にはない自由を手に入れた一方で、地縁や血縁というネットワークやそれが過去から蓄積してきた財産、すなわち知恵や経験といったストックから得られるメリット、情報を失った。さらに、他人に対する関心や関与が希薄化し、人間関係が表面的なものになり、お互いの行動が見えにくくなると、社会的な不安や危険といった要素が増大するため、個人や家庭は、これまでよりも外側の世界に対して常に注意を払わなければならなくなった。こうした人的ネットワークの変容は、最近の個人情報保護の問題などとも絡んで新たな社会問題を生み出す源泉ともなっている。いじめや虐待、ストーカー等による悲惨なニュースが連日のように報道されるようになったのも、これらを象徴する事象である。人的ネットワークが変容することで引き起こされる諸問題の解決のために、社会が支払わなければならないコストはますます大きくなっている。例えば、他者への関心が希薄になると犯罪捜査に必要な目撃情報が減るため、その代わりとして監視カメラを街中に設置しなければならなくなるかもしれない。人的ネットワークの変容がもたらす問題は、何も都市に限った話ではない。多くの人口が流出し、農林業などの経済活動が衰退してコミュニティが崩壊の危機にある地方部においても事情は同じである。
　ここ最近、「ソーシャル・キャピタル」といった言葉を耳にするようになった。「社会（関係）資本」と訳されることが多いが、人間関係資本、社交資本、市民社会資本などとも訳される。人々の協調行動を活発にすることによって、社会の効率性を高めることのできる、「信頼」、「規範」、「ネットワーク」といった社会組織の重要性を説く概念である。従来の日本の社会が有していた社会

的な関係、人的ネットワークの利点を「社会の資本」ととらえ、その価値を見直す考え方と理解できる。市民活動などを通じてソーシャル・キャピタルを醸成することで、大都市や地方部で失われつつある「信頼」、「規範」、「ネットワーク」を再構築するための動きとして注目される。

地縁・血縁等の「リアル」な人間関係が縮小する一方で、ＩＴの発達、殊に携帯電話やスマートフォンなど携帯情報端末の普及と、twitter などのソーシャルメディアや LINE のような新たなコミュニケーションツールの登場により、ネット上でのコミュニケーションや人的ネットワークが爆発的に拡大している。これにより、現実空間での対面方式によるものから、ネット上での仲間同士、嗜好が近い者同士によるものへ、とコミュニケーションにおける量的、質的な変化が生じている。対面方式による「リアル」なコミュニケーションには、時間やコストなどの面で諸々の制約・制限があるのに対し、ネット上でのコミュニケーションは、基本的にローコストでボーダレスである。リアルな世界で良好な人間関係を構築するためには、物理的な距離の問題、年齢や性別、人種や国籍、職業などの違いを理解し、受け入れて、乗り越える必要があったが、ネット上で人間関係を構築するうえでのハードルは極めて低い。リアルなコミュニケーションは、ネット上で構築した人間関係に彩りや深みを加えることはあっても、必須の条件ではなくなってしまった。

こうした新たなタイプのコミュニケーションは、若年層を中心に急速に拡大している。ネット上のコミュニケーションに馴れ親しんだ人々の、リアルな世界での人間関係の構築や人的ネットワークの形成において、どのような影響や変化が顕在化してくるのか、については今後注目していく必要がある。

（４）構造変化への対応

現在の日本経済には高度経済成長期のような爆発力はもはやなく、成長の源泉である人口についてもすでに減少局面を迎えている。人口の減少は、自然減によるものと社会的な要因によるものとに分けられるが、近年の人口減少は、自然減によるものに加えて、海外への流出などの社会減による影響も大きい。少子化による人口の減少や人材の海外流出、人材の偏在などの影響が、日本の産業社会の活力低下に直結することがないよう、中・長期を見据

えた人的資源のコントロールは今後の日本にとって重要な意味を持っている。

　日本の産業社会がその活力を今後も維持していくためには、人的資源の「質」と「量」に関する上手なマネジメントが必要である。人的資源の「量」を確保するためには、まず、少子化そのものへの対策が必要となる。少子化の最大の原因は出生率の低下にある。一人の女性が一生に産む子供の平均数を「合計特殊出生率[6]」で示すが、この値が2であれば人口は横ばい、上回れば自然増、下回れば自然減となる。日本の「合計特殊出生率」は、戦後しばらくは4を超える高い値を示し、第一次ベビーブームと呼ばれている。しかしそれ以降の出生率は2前半まで急速に下がり、1975年に2を下回ってからはさらに低下が続き、2005年には1.26まで下がった。その後やや回復したものの、最新の値は1.42（2014年）にとどまり、2を大きく下回る状況である（図表I-2-5）。

　出生率が低下している原因として、都市への人口集中と核家族化の進展による住宅事情の悪化や、バブル経済崩壊以降の経済の減速による所得格差の拡大、未婚率や結婚年齢の上昇、教育費負担の増大、など様々なものが考えられる。また、女性が安心して子供を産み、育てることのできる環境整備が不十分なため、子育てに対する負担感が大きくなっている点も見過ごせない。出生率を回復させるためには、子育て世代の所得の安定と向上が必要であり、女性の社会進出の促進がポイントになってくる。そのためには、安心して子供を預けることのできる保育施設の充実が不可欠である。認可保育所に入所できない待機児童数は、都市部を中心に依然として多い。こうした世帯は、非認可の施設等に高い費用を負担して預けざるを得ない状況である。また、産休、育休などの制度が大手企業等では整備されつつあるものの、中小・零細の企業では未整備なところも多く、たとえ制度はあっても、人手不足や社内での理解不足等のために実際には十分利用できない、といった事情を抱えているケースもある。出生数を増やし出生率を改善するためには、子育てがしやすい環境を日本社会として整備する必要があるが、そのためには、保育や教育などに関連するビジネスの拡大が重要である。詳細については第Ⅲ部に譲るが、保育や教育は、今後の成長が期待されるビジネス分野として注目されている。

図表 I-2-5　出生数と合計特殊出生率

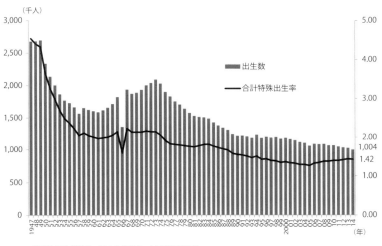

（資料）厚生労働省、国立社会保障・人口問題研究所

　出生率と連動して人的資源の「質」、「量」のマネジメントの対象となるのが、女性労働力、及びその能力活用であり、「女性の活躍推進」は安倍内閣の重要政策の一つとなっている。日本における女性の社会進出は徐々に拡大し、労働力率も戦後の状況に比べてかなり上昇している（図表 I-2-6）。

　しかし、30 〜 40 歳代で 80 パーセント近いフランスや 90 パーセント近いスウェーデンなどと比べると、70 パーセント前後の日本はまだまだ低い状況にある。また、6 歳未満の子供を持つ母親の就業率では、スウェーデン（77.5 パーセント）、フランス（64.7 パーセント）に比較して、日本（35.2 パーセント）は大きく見劣りするし、大学・大学院卒の女性の就業率（25 〜 64 歳）でも、スウェーデン（87.9 パーセント）、イギリス（87.1 パーセント）などと比較して日本（68.4 パーセント）は 20 ポイント近くも低いレベルにとどまる。会社の役員など重要なポストに就いている女性の割合もまだ低い。日

図表 I-2-6 女性の年齢階層別労働力率の変化

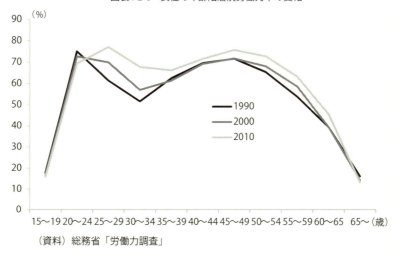

（資料）総務省「労働力調査」

本では、男性が外で働き女性は家庭を守る、といった考え方が依然として根強いことに加え、共働き世帯の子育てを支援する体制が十分でないこと、配偶者控除など税制面でも、女性が男性と同様に社会で活躍するための環境が整っていないこと、などに原因がある。出産・子育てといったライフイベントが、女性のキャリアアップにとって大きな障害とならないような社会システムの整備、労働市場の改革が必要である。

　高齢者の能力活用もまた、人的資源をマネジメントするうえで重要なテーマである。高齢者の雇用に関しては、「高年齢者等の雇用の安定等に関する法律（高年齢者雇用安定法）」の一部が改正された（平成25年4月1日から施行）。労働者が60歳の定年以降も雇用の継続を希望する場合は、企業は雇用の義務を負うというものである。急速な高齢化の進行による年金財政への影響を軽減する目的で、厚生年金の受給開始年齢が65歳に引き上げられることに呼応したものであるが、高年齢者が意欲と能力に応じて働き続けることのできる環境が法律面から整備された。高年齢者の雇用継続は、企業にとっては人件費コストを引き上げる要因ともなりうるが、新規採用市場に

おける優秀な人材の獲得競争は一段と激化しており、そのコストとリスクが年々高まる状況の下では、知識や経験豊かな高年齢者を有効に活用することは、企業経営にとってもプラスとなるはずである。

　教育・研修や人材育成は、人的資源のマネジメントにとって極めて重要なテーマである。これまでの人材の教育、育成に関しては、学問としての基礎的な知識、理論は大学等の高等教育機関で身に付け、実務的な職業能力の開発は終身雇用のもとでOJT（オン・ザ・ジョブトレーニング）等により専ら会社内部で行われてきた。さらに、ジョブ・ローテーションを実施し、会社全般の理解と必要な知識・能力を習得させることで、人材の適材適所の実現を可能にしてきた。しかし、年功序列や終身雇用といった特徴を有する人事制度の維持が困難になり、成果主義・能力主義的な考え方が一般化して人材の流動性が高まるようになると、またビジネスが世界規模に拡大して競争環境が激しさを増し、高度化・複雑化するようになると、企業は必要な人材をすべて自社で育成することが困難になり、優秀な人材を外部から調達するようになる。社内の様々な仕事に深く精通したベストマッチな人材を時間と手間をかけてじっくりと育成することよりも、即戦力として期待できる人材を国内・海外に拘らずに社外から獲得して活用することを優先するようになっている。

　こうした企業側の採用方針の変更によって、大学等の高等教育機関には、より専門性の高い、実務寄りの教育カリキュラムが求められるようになる。また、将来のグローバルマーケットでの人材需要に対応するため、語学能力や海外での活動経験や知識を修得した「グローバル産業人材」を輩出することが求められるようになる。卒業時までに一定以上の語学力（例えばTOEIC）の修得を課すほか、海外留学を卒業要件とするような大学が増えている[7]。

図表 I-2-7 外国人労働者数と雇用者総数に占める割合

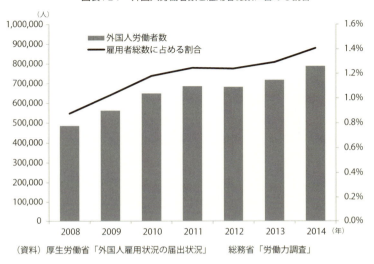

（資料）厚生労働省「外国人雇用状況の届出状況」　総務省「労働力調査」

　また、海外から有用な人材を積極的に呼び込むことも、人的資源のマネジメントにとっての重要課題である。政府の成長戦略の中でも、「高度人材認定の外国人の増加」が目標の一つとして掲げられているところである。日本はこれまで、海外からの労働力の受け入れには極めて抑制的であった。英語が通じにくい、といった言葉の壁の問題もあり、雇用者総数に占める外国人労働者（在留資格のあるもの）の割合はわずか1パーセント強にすぎない（図表 I-2-7）。しかし、ビジネスの分野でグローバル化が急速に進み、世界の国々でFTAやEPAなど国際協定が推進され、貿易や投資、人材など様々な分野での自由化が拡大する中で、日本が外国人労働力を受け入れることの必要性、重要性が高まっている。ただし、それはあくまで「労働力」としての受け入れであって、「移民」としての受け入れは想定されていない。また、今後、受け入れに注力するのは単純労働を担う者ではなく、高度の専門的な知識・技術を有する「高度外国人材」とされている点には注意が必要である。

　外国人労働力を受け入れるための制度として、「外国人研修制度」がある。この制度は、国際貢献・国際協力の一環として、新興国・発展途上国から労働力を受け入れ、日本国内の企業・団体において生産活動における実践的な

技術、技能の修得を支援し、帰国後にその技術、技能を活用することを通じて母国の発展に寄与することを目的としたものである。ところが、制度本来の趣旨から外れ、労働環境が劣悪な職場において低賃金で働かせる、パスポートをとりあげて行動を監視する等、様々な嫌がらせや人権侵害にまで至るような事象が発生して社会問題化した。これを機に、外国人研修・技能実習制度は抜本的に見直されることとなり、関連する法制度の改正が行われた。

　日本の産業社会は、労働者としてはもとより観光客についても、海外、特に発展途上国等からの受け入れには慎重であったため、「外国人を積極的に受け入れることで日本の産業活力とする」ことを前提とした社会システムの整備が遅れている。日本の産業社会のグローバル化が進展する一方で、労働力人口が減少し、地域経済が衰退の危機にある状況においては、これまで以上に資本や人材を海外から受け入れて自らの活力として利用する、という発想が欠かせない。外国の人材を日本企業の国際競争力の強化と豊かな社会の実現のための重要な資源として位置づけ、これを積極的に受け入れて活用することは、日本の産業社会が直面する構造変化を乗り越え、今後も経済活力を維持していくうえで極めて重要であり、これらを実現するための社会システムの再構築が急務となっている。

注
1) 経済発展に伴い、中心となる産業が、農業などの第一次産業から製造業などの第二次産業へ、さらにはサービス業などの第三次産業へ、と遷移していく経験法則のこと。
2) 1997年に京都で開催された第三回目の締約国会議（Conference Of Parties 3 :COP3）における温室効果ガスの削減目標に関する合意のこと。先進国全体で基準年（1990年）比5％の削減、日本は6％、アメリカは7％、EUは8％の削減目標とすることで合意し、京都議定書としてまとめられるに至った。
3) 有識者らでつくる「日本創成会議」の人口減少問題検討分科会（座長・

増田寛也元総務相）は、国立社会保障・人口問題研究所の将来推計人口のデータを基に40年後の20〜39歳の女性の数を試算した。その結果、896の市区町村で2010年比半分以下に減少することが判明、これらを「消滅可能性都市」と呼んで人口『急減社会』への警鐘を鳴らした。

4) 年功序列、終身雇用というのは、日本の人事制度の一つの特徴を指すものであって、そうした名前の付いた人事制度というものがあるわけではない。

5) 戦後の大都市への人口集中、高度経済成長に伴う人口増に対応するため、1960年代から70年代にかけて、東京や大阪などの大都市の近郊で巨大なニュータウンが造成・建設された。日本で最初の大規模ニュータウン開発である大阪の千里ニュータウンや東京の多摩ニュータウンなどはその代表例である。筆者も1965年から72年までの間、千里ニュータウンの青山台団地（旧日本住宅公団）で少年期を過ごした。1962年のまちびらきから50年以上が経過して初期入居者の高齢化が進む一方、老朽化した団地の建て替えや高層化などにより、元々の立地の良さを活かした新たなまちづくりが模索されている。

6) 2013年の合計特殊出生率を都道府県別に見ると、沖縄県が1.94と全国の中でも飛び抜けて高い。豊かな自然に恵まれて暮らしやすいこと、濃密なコミュニティが残っていて、助け合いや支え合いの精神が育まれていることなどが原因であるとする説がある。なお、南国九州の各県も総じて高い傾向が見られる。

7) 例えば、山口大学は2015年度より新設した「国際総合科学部」のカリキュラムで、1年時の1ヶ月の海外語学研修、2年時の1年間の海外交換留学、4年時の企業へのインターンシップを必修とすることで、国際競争に勝てる人材の育成を目指す、としている。

第II部　産業社会の発展プロセス

第3章　戦後日本経済の軌跡
3.1　敗戦からの復活（1950～1960年代）
（1）占領下の日本経済　～外貨獲得のための輸出振興～

　1945年8月14日に日本政府はポツダム宣言の受諾を連合国に通告、1945年9月2日に降伏文書に正式調印して連合国の占領下に入った。これにより日本の外交権は停止、海外渡航は制限され、貿易等の経済活動も管理されるようになる。連合国による占領は、6年後のサンフランシスコ講和条約の調印（1951年9月8日）、同条約の発効（1952年4月28日）まで続く。

　戦争によって大きなダメージを受けた国民の生活、及び国内の経済を復興させることは日本にとっての喫緊の課題であった。しかし、国内にはこれに必要な資金、資源等が枯渇していたため、アメリカからの支援で賄うことになる。これらは、「ガリオア・エロア資金」と呼ばれる。ガリオア資金（(GARIOA／Government Appropriation for Relief in Occupied Area Fund）占領地域救済政府資金：1941年～1951年）は、占領地の行政を円滑ならしめることを目的としたもので、16億ドルもの資金が援助されて、食糧・肥料・石油・

医薬品等の生活必需物資の輸入に充当された。また、エロア資金（(EROA／Economic Rehabilitation in Occupied Area Fund）占領地域経済復興資金：1949年～1951年）は、占領地の経済復興を目的に、石油や鉄鉱石、工業機械など生産物資の供給に充当されるもので、日本では、2億ドルの資金が援助されて、綿花や羊毛の原料購入に充当された。これら併せて18億ドルの資金はアメリカの軍事予算から支出されたもので、現在の価値にして12兆円規模に相当する[1]。

また、1953年より国際復興開発銀行（IBRD／International Bank of Reconstruction and Development、通称世界銀行）からの借款受入も始まり、1966年までの間に8億6,290万ドルの借款契約が締結された。これは、現在の価値にして約6兆円に相当する。世界銀行からの融資は、戦後の日本経済発展の基礎となった重要な産業インフラや基幹産業（道路、電力、鉄鋼業等）の整備に充てられた。黒部第四水力発電（黒四ダム）、愛知用水、東海道新幹線、東名・名神高速道路などは世界銀行の融資によって建設されている（図表II-3-1）。なお、世界銀行から借り入れた融資の返済は1990年7月まで続き、現在ではすべて完済している。

これらの資金援助は、占領時及びそれ以降の日本における国民生活の安定や経済発展の基礎を築くことに大きく貢献した。しかし、国内経済を本格的な成長軌道に乗せるためには、原材料等の購入に必要な外貨を自前で稼げるだけの経済力をつける必要があった。製造業、特に繊維工業がリーディング産業として成長をはじめ、繊維製品の輸出が拡大することにより、日本の経済は自律的な発展に向けて動き始めることになる。輸出が拡大することで外貨の獲得が増え、獲得した外貨を元手に原材料の輸入や生産設備の購入が可能になる。これにより、生産量の増加や生産性の向上につながり、輸出のさらなる拡大が可能になる。こうした正の循環、産業発展のサイクルが回転することで経済規模の拡大につながっていく。

（2）産業の競争力強化　～官主導による製造業の生産力・技術力向上～

輸出を拡大することは、輸出相手国の産業との競争がより厳しくなることを意味する。日本の産業、特に製造業は、「国際競争力の強化」という課題

図表 II-3-1　世界銀行借款

調印式	受益企業	対象事業	借款契約額 （千ドル）
1953年10月	関西電力	関西電力 多奈川火力発電	21,500
1953年10月	九州電力	九州電力 苅田火力発電	11,200
1953年10月	中部電力	中部電力 四日市火力発電	7,500
1955年10月	八幡製鉄	八幡製鉄 厚板圧延設備	5,300
1956年2月	日本鋼管	日本鋼管 継ぎ目なし中継管製造整備	2,600
1956年2月	トヨタ自動車	トヨタ自動車 挙母工場	2,350
1956年2月	石川島重工	石川島重工 東京工場	1,650
1956年2月	三菱造船	三菱造船 長崎造船所	1,500
1956年12月	川崎製鉄	川崎製鉄 千葉工場	20,000
1956年12月	農地開発機械公団	上北根川地区開墾事業	1,330
1956年12月	農地開発機械公団	篠津泥炭地開墾事業	1,133
1956年12月	農地開発機械公団	乳牛輸入分	984
1956年12月	農地開発機械公団	保留分	853
1957年8月	愛知用水公団	愛知用水公団 愛知用水事業	7,000
1958年1月	川崎製鉄（2次）	川崎製鉄 千葉工場	8,000
1958年6月	関西電力（2次）	関西電力 黒部第四水力発電	37,000
1958年6月	北陸電力	北陸電力 有峰水力発電	25,000
1958年7月	住友金属	住友金属 和歌山工場	33,000
1958年8月	神戸製鋼	神戸製鋼 灘浜工場	10,000
1958年9月	中部電力（2次）	中部電力 畑薙第一・第二水力発電	29,000
1958年9月	日本鋼管（2次）	日本鋼管 水江工場	22,000
1959年2月	電源開発	電源開発 御母衣発電所	10,000
1959年11月	富士製鉄	富士製鉄 広畑工場	24,000
1959年11月	八幡製鉄（2次）	八幡製鉄 戸畑工場	20,000
1960年3月	日本道路公団	日本道路公団 高速道路（尼崎－栗東間）	40,000
1960年12月	川崎製鉄（3次）	川崎製鉄 千葉工場	6,000
1960年12月	住友金属（2次）	住友金属 和歌山工場	7,000
1961年3月	九州電力（2次）	九州電力 新小倉火力発電	12,000
1961年5月	日本国有鉄道	日本国有鉄道 東海道新幹線	80,000
1961年11月	日本道路公団（2次）	日本道路公団 高速道路（一宮－栗東、尼崎－西宮間）	40,000
1963年9月	日本道路公団（3次）	日本道路公団 東名高速道路（東京－静岡間）	75,000
1964年4月	日本道路公団	日本道路公団 高速道路（豊川－小牧間）	50,000
1964年12月	首都高速道路公団	首都高速道路公団 高速道路（羽田－横浜間）	25,000
1965年1月	電源開発	電源開発 九頭竜川水系長野及び湯上発電	25,000
1965年5月	日本道路公団（5次）	日本道路公団 東名高速道路（静岡－豊川間）	75,000
1965年9月	阪神高速道路公団	阪神高速道路公団 神戸市高速道路1号	25,000
1966年7月	日本道路公団（6次）	日本道路公団 東名高速道路（東京－静岡間）	100,000
			862,900

（資料）世界銀行ＨＰ

にたちまち直面する。この課題に対して、日本では国（官）が主導することで競争力の強化を図ってきた。すなわち、国は今後、世界的にみて競争力がある（と期待される）産業に対して、限られた資金の中から補助金等を投じるなどによってコントロールを強める一方、国内での過度な競争を回避し、企業の合併等を指導・推進することで生産規模を拡大させ、生産力・技術力の向上を促すなどの「合理化」を推進し国際的な競争力を強化しようとしたのである。自由主義体制の経済においては、国家が民間の経済活動に過度に指導・介入することは本来避けられるべきであるが、連合国の占領下にあっ

た日本の経済活動には様々な制約があり、限られた経営資源のもとで早急に競争力を高めるためには、官が主導する産業復興に向けた取り組みは、その後の奇跡的な経済成長、産業発展の実現において大きな貢献があったものと評価できる。

（3）高度成長と所得倍増計画　〜インフラの整備、生活水準の向上〜

　1950年6月24日に勃発した朝鮮戦争による特需（朝鮮特需）などの外部要因の影響もあり、産業発展のサイクルが回転をはじめたことで、日本経済は成長軌道に乗る。企業は自らの発展に多くの労働力を必要としたため、都市に人口が集中して過密問題が発生したことは前述（第Ⅰ部第2章）の通りであるが、これによって、都市部を中心に住宅団地をはじめ、電気、ガス、水道、鉄道などの生活インフラの整備が急ピッチで進められることになる。また、産業活動の活発化に伴い、高速道路や高速鉄道、空港、港湾などの産業インフラの整備も進められた。

　この頃、日本政府は1960年に池田内閣の下で「所得倍増計画」を策定する。これは、輸出の拡大によって外貨の獲得を図り、国民所得の倍増、雇用の拡大、生活水準の引上げを目標とする長期経済計画である。この計画では、道路、鉄道、工業用地などの産業インフラ整備に加え、農業保護にも一定の予算を振り向けることで、拡大しつつあった地域間・産業間での所得格差を是正することをも目的としていた。本計画では、年率7.2パーセントの経済成長を想定していたが、計画期間である1961年から1970年の間の成長率は10.9パーセントと計画を大幅に上回り、国民1人当りの消費支出は10年で2.3倍に拡大した。

　所得の増大は、生活水準の向上に対する国民の需要を喚起する。1950年代後半には、白黒テレビ・洗濯機・冷蔵庫の家電3品目が『三種の神器』、また1960年代半ばには、カラーテレビ・クーラー・自動車といった耐久消費財が『新・三種の神器』と呼ばれて、国民生活の豊かさを象徴するものとなった。こうした「モノ」に対する国内需要の拡大は、その後の電機機械器具製造業、自動車製造業等の成長にも大きく貢献する。

3.2　国際社会の中の日本（1970～1980年代）
（1）ニクソンショック　～変動相場制への移行～

　戦後の国際金融体制は「ブレトンウッズ体制[2]」と呼ばれる。圧倒的な経済力を持つアメリカを中心に、ドルのみを金と交換できる通貨とし、他の国はドルとの交換比率を固定する為替相場とすることで国際貿易、経済活動の円滑化、活発化を進めていた。

　しかし、日本が復興して経済成長をはじめ、ヨーロッパ諸国も経済力を回復するなかで、アメリカでは、為替相場がドル高で固定されることにより国際収支が悪化し、また1960年代のベトナム戦争等による支出増加によって財政赤字も拡大していた。これらの要因により、ドルと交換できる金の保有量が不足する事態となったため、1971年8月15日、当時のニクソン大統領はドルと金の兌換一時停止を電撃的に発表し、世界経済に大きな衝撃を与えることとなった。これがニクソンショック（またはドルショック）と呼ばれるものである。それまで1ドル＝360円で固定されてきた為替相場は、ドルと金の兌換一時停止を受けて変動相場に移行した。その後、1ドル＝308円の固定相場に戻ったものの、信頼が低下したドル売りが拡大し、固定相場を維持することができなくなったため、1973年2月より再び変動相場制に移行することとなり、現在に至っている。

　これ以降の為替相場は、円高、円安を繰り返しながらも、長期のトレンドとして見れば、日本経済の拡大とともに円高の方向に進んできた（図表II-3-2）。輸出の拡大による経済成長を基本戦略としてきた日本にとっては苦難の時代が到来することとなる。

（2）石油ショック　～コストの上昇～

　原油は多くのエネルギーの源であるとともに、様々な製品の原材料ともなっており、その供給量や取引価格の動向は、日本のみならず、世界の経済に大きな影響を及ぼすものである。そして、日本はその多くを中東諸国に依存してきた。

　原油の供給量や取引価格の変動が世界経済に大きな影響を及ぼしたのが、1970年代に2度にわたって発生した「石油ショック[3]」である。第一次石

図表 II-3-2 円レートの推移（対米ドル）

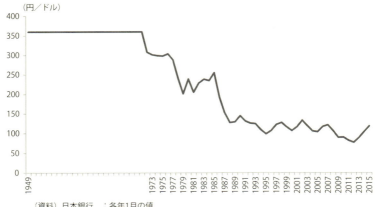

（資料）日本銀行　：各年1月の値

　油ショックは、1973年の第4次中東戦争（イスラエルとエジプト・シリアなどの中東アラブ諸国との間で行われた戦争）を機に、産油国であるアラブ諸国が原油の減産と値上げを実施したことに端を発するものである。第二次石油ショックは、1979年に起こったイラン革命により原油産出量が減少し、原油価格が高騰したことによるものである。これによって、1バーレル3.01ドルだった原油公示価格は急騰し（第一次石油ショック時の最高値11.65ドル／バーレル、第二次石油ショック時の最高値34ドル／バーレル）、原油を主な原材料とする産業は競争力を失い、物価の高騰やモノ不足が発生するなど、国民生活にも深刻な影響が生じた（図表II-3-3）。
　原油価格の上昇は、日本のモノづくりにとってコストアップにつながる。変動相場制移行後の円高で国際競争力が低下したことと併せ、日本の製造業にとって、さらに厳しい要因が加わることになる。

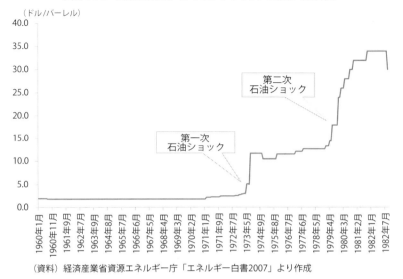

図表II-3-3　国際原油価格（アラビアンライト）の推移（名目値）

（資料）経済産業省資源エネルギー庁「エネルギー白書2007」より作成

（3）貿易摩擦　～対米貿易黒字の拡大～

　日本のモノづくりは、円高や原油高という「逆風」に晒されながらも、コスト削減や生産性の向上、品質改善などの不断の努力により、国際競争力を維持・強化してきた。特に、自動車産業は1970年代以降に大きく成長し、アメリカへの輸出を拡大させた。1980年には生産台数で1,000万台を超え、アメリカを抜いて世界一となるまでに成長する。

　しかし、こうした対米自動車輸出の拡大は、アメリカの自動車業界の猛反発を招くこととなる。1980年のアメリカの自動車産業労働者の失業率はすでに30パーセントに達するほど悪化しており、アメリカの自動車メーカーと全米自動車労働組合はITC（米国国際貿易委員会）に輸入規制を訴えたが認められなかったため、アメリカ政府は日本に圧力をかけ、最終的には日本が自ら輸出を制限すること（輸出自主規制）を認めさせたのである。

　アメリカと日本との間の貿易摩擦と輸出自主規制は、何も自動車に始まったことではない。1950年代には日本からの安価な綿製品等の輸出が拡大したため、アメリカの繊維業界は日本からの輸出を制限する法案成立を議会に

働きかける動きをみせた。この時は、日本側が輸出を自主規制したため、法案の提出は回避されている。1960年代末から1970年代初にも繊維と鉄鋼製品をめぐる貿易摩擦が発生し、結果的には日本側が輸出の自主規制を受け入れている。1970年代後半にはカラーテレビでも貿易摩擦が発生したため、対米輸出の制限が行われている。

日米自動車摩擦については、第4章の「自動車メーカーの特徴と動向」のところで詳しく述べるが、輸出による経済拡大期においては、その主な輸出相手国であるアメリカとの間で貿易摩擦、及び輸出自主規制といった障害を乗り越える必要があったのである。

(4) プラザ合意と円高不況

1980年代前半のアメリカは、インフレを抑制のために金融引き締め政策をとっていたため、世界の資金がアメリカに流入してドル高傾向となっていた。これに、日本などからの輸出が増大したため貿易赤字が拡大した（図表II-3-4）。また、軍事費の増大や減税の実施などで財政赤字も膨らみ、「双子の赤字」と呼ばれる状況にあった。さらに、インフレ抑制が一段落して金利が低下すると、魅力の薄れたドル相場は不安定化した。国際基軸通貨であるドルの不安定化は世界経済に悪影響を及ぼす、との懸念から、先進各国は協調してドル安に誘導することに合意する。これは、1985年9月22日にG5（先進5ヵ国蔵相・中央銀行総裁会議）により発表され、会場となったニューヨーク市のプラザホテルにちなんで『プラザ合意』と呼ばれる。為替相場の安定化が目的とされてはいるが、当時、対日貿易赤字が顕著であったことから、実質的には円高ドル安誘導が主たる目的であった。この合意と協調介入により、為替相場は、1ドル＝235円から約20円も円高となり、その後も急速に円高ドル安が進行する。

輸出の拡大を経済成長の柱としてきた日本にとって、円高誘導という輸出にとって不利な合意を政治決断した背景には、それまでの貿易摩擦やこれに対するアメリカの圧力があったものと考えられる。プラザ合意後の急速な円高により、輸出に依存してきた日本にとっては、国際競争力を大きく損なうことになり、その後の「円高不況」に苦しむことになる。

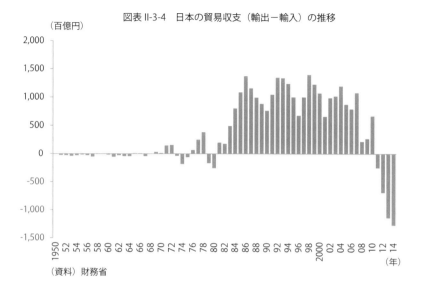

図表 II-3-4　日本の貿易収支（輸出－輸入）の推移

（資料）財務省

3.3　バブル経済とその崩壊（1990 年代）
（1）内需拡大のための金融緩和と不動産バブル

　プラザ合意以降の円高に起因する不況に対し、日本政府は、金融と財政の両面から景気浮揚対策を実施する。国内需要の拡大による貿易摩擦の解消を公約としていた政府は、公共事業の拡大等による景気刺激策を実施した。また日本銀行もこれまでの高金利政策を転換し、公定歩合を 2.5 パーセントまで引き下げるなど低金利政策を実施することで国内需要の拡大を図った。こうした政策によって円通貨の供給量は拡大したが、これが金融機関の融資を通じて企業の設備投資の拡大には結果として繋がらなかった。この時期、大手企業の資金調達は株式発行や増資などの「直接金融」にシフトしていて、金融機関は貸したくても貸出先が見つからない、いわゆる「カネ余り」の状況にあった。こうした余剰資金は、やがて収益性の高い株式や不動産などに向かうことになる [4]。また、急速に進んだ円高と円の供給量拡大は、「日本の経済力が拡大した」といった誤った認識を拡散し、国内外の不動産の買い漁りなどに繋がり、株式や土地への投機を加速、その後のバブル経済を引き起こす原因の一つになったと考えられる。

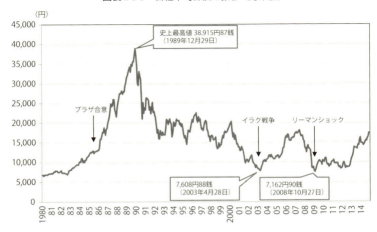

図表 II-3-5　日経平均株価の推移（月末値）

（資料）日本経済新聞社

　株価は 1986 年頃から上昇をはじめ、日経平均株価は 1989 年 12 月 29 日に 38,915 円 87 銭の最高値を記録した（図表 II-3-5）。株価はプラザ合意頃の約 3 倍、約 200 パーセントの上昇率である。地価も株価を追うように上昇し、1990 年には 1985 年の約 4 倍まで上昇した。値上がりした土地や株式を担保とした銀行融資を元手に新たな土地や株式に投資する、そのような信用拡大の連鎖がバブルをさらに大きくした。

（2）バブル経済の崩壊と失われた 10 年（長期不況）

　バブル経済が崩壊した時期については、1991 年から 1993 年ごろとする説が多いが、地価が低下をはじめる時期などには地域によってバラつきがある。実際には、1990 年 3 月に大蔵省より「土地関連融資の抑制について」（総量規制）が通達され、また日本銀行による公定歩合の引き上げによる金融引き締め策が実施されたことで、株価や地価の下落が本格化した。「地価や株価は上昇しつづけるもの」という根拠のない「神話」が崩壊すると、膨らみ続けてきた信用は一挙に崩壊に向かった。日経平均株価は、38,915 円 87 銭の最高値をピークに暴落に転じ、わずか 9 ヵ月後の 1990 年 10 月 1 日には一時 20,000 円割れとなり、半値近くにまで値下がりする。

バブル経済の崩壊は、その後の日本経済に長期に亘って深刻な影響を及ぼすとともに、構造的な改革の必要性を突きつけることになる。地価や株価が大きく値下がりしたため、担保価値が融資額を大きく下回る事態となり、個人や企業、金融機関のそれぞれが多額の「不良債権」を抱え込み、その処理に苦しむことになった。景気の後退で企業のマインドが大きく落ち込む中、巨額の不良債権を抱え込んだ銀行などの金融機関は、貸し渋りや貸し剥がしなどを行って企業経営の足枷となっただけでなく、銀行経営そのものを圧迫し、その後の経営破綻へとつながっていく。

バブル経済とその崩壊が残した爪痕は、後の日本経済が長期に亘って低迷する原因となる。失われた10年、あるいは停滞の20年などとも呼ばれる経済の低迷期のはじまりである。この期間、資産価格が下落することによる資産デフレが進行して設備投資などが抑制されただけでなく、経営悪化による企業倒産やリストラ、新規採用の抑制、さらには大手金融機関の破綻（北海道拓殖銀行、日本長期信用銀行、日本債券信用銀行、山一證券、三洋証券など）などが相次いだ。金融機関の経営破綻は、日本の金融システムそのものの信用性を根底から揺るがせるとともに、景気の回復を遅らせる原因となった。

バブル経済の崩壊とその後の失われた10年以降、経済成長のスピードは大きく減速する。1980年代まで続いてきた安定成長期が終焉を迎え、低成長の時代に入ることとなる。

（3）新興国の経済成長

日本がバブル経済崩壊による景気後退とその後遺症に苦しんでいる1990年代、世界では新興国の経済成長が本格化する。中国では「改革・開放」政策が進められ、海外からの投資が急速に拡大した。中国の改革・開放政策は、1980年代半ばより進められていたが、1992年の鄧小平氏の「南巡講話」の発表は改革・開放路線の推進に決定的な役割を果たし、その後の急速な経済発展に道筋をつけた。

日本経済が「失われた10年」で低迷している間に、中国などの新興国の経済は発展を続け、その後、日本経済を脅かす存在にまで成長する。

（4）海外投資の拡大

　日本では、1980年代半ば以降急激に進行した円高の要因に加え、バブル期における地価の高騰やその後の国内景気の低迷により、国内企業の海外進出が本格化し、新興国など海外における生産活動が活発化した。自動車産業では、アメリカとの貿易摩擦に伴う輸出自主規制への対策に加え、プラザ合意後に進行した円高により、輸出から現地生産へのシフトが加速する。現地生産を拡大することで、為替の変動によるリスクをヘッジしつつ、販売台数を拡大することが可能となった。また、新興国の安価な労働力を利用することにより製造コストを抑え、価格競争力を維持することができる。

　大手製造業を中心に海外への投資が進む一方で、国内の製造機能の縮小・撤退といった事象が増加した。これらは、国内産業の「空洞化」現象と呼ばれ、製造機能の多くが立地していた地方部では、これによって多くの雇用が失われた。また、大手企業と取引してきた中小の製造業などは、それまで国内で培ってきた取引構造の変革を求められる事態となった。新興国の経済成長と海外投資の拡大、そして国内産業の空洞化の進行は、国内の産業社会に大きな構造変化を迫ることになる。

（5）ITバブルとその崩壊

　1990年代末ごろになると、情報通信技術（IT）、特に双方向のデータ通信技術の進歩を背景に、インターネット関連の新興企業が脚光を浴びるようになる。e-○○、i-○○、○○.comなどといった名前のベンチャー企業の株式上場が相次ぎ、これらの株価が高騰することで、一時バブルの様相を呈した。ITバブルの動きは1998年ごろからアメリカで起きはじめ、その後日本にも波及した。この時期、数多くのベンチャー企業が設立されたが、ITブームに乗っかっただけの事業内容の乏しい企業や十分な経営ノウハウを持たない経営者も少なくなく、アメリカの利上げを機にITバブルが崩壊してブームが過ぎ去ると、多くの企業が市場から姿を消した。現在まで生き残り、成長している企業には、アメリカではグーグルやアマゾン・ドットコムなど、日本では、Yahoo! JAPANやソフトバンク、楽天などがある。

　日本は、バブル経済崩壊後の長期低迷期にあって経済活動が低調であった

ため、IT関連投資は限定的なものにとどまり、ITバブル崩壊の影響はそれほど大きくなかった。

3.4　実感なき景気回復（2000年代前半）
（1）小泉構造改革　～規制緩和がもたらした歪み～

　バブル経済の崩壊とその後の不況の長期化により、日本社会に閉塞感が漂う中、「聖域なき構造改革」をスローガンに掲げ小泉内閣（2001.4～2006.9）が登場する。小泉内閣による様々な政策や規制緩和の功罪については、ここで詳細に触れることはしないが、各種の規制緩和がその後の日本の産業社会や労使関係にもたらした影響については少々言及しておきたい。

　小泉構造改革の目的は、「小さな政府を目指す」ことにある。その主な柱は、「官から民へ」、「中央から地方へ」というもので、これを実現するために既存のしくみや制度を抜本的に見直すというものであった。郵政民営化や道路公団民営化は、「官から民へ」の最も象徴的な取り組みであったといえよう。

　戦後の官主導の産業政策が功を奏し、日本の経済は「奇跡」ともいえる経済成長を遂げたが、バブル経済の崩壊を契機に官民共同による成長モデルは終焉を迎える。企業が成長するには、欧米先進国だけでなく新興国等との間での厳しい競争を勝ち抜く必要があり、また、従来のような欧米追随ではなく、先進的な商品・サービスを世界に先駆けて開発し、市場を創造することが求められるようになる。こうした状況では、官が企業や業界を一律にコントロール（規制）することの限界が顕在化するようになり、迅速な意思決定や自由な企業活動を行ううえでむしろ不都合な点が目立つようになってきた。また、海外からも日本のマーケットの閉鎖性が指摘され、開放を求める圧力が強まり、国内企業をコントロールしつつ、一方では、外国企業の参入から国内企業を保護してきた諸々の規制に対する批判が高まるようになってきた。

　この時期には、規制緩和に政策の舵を切る環境、タイミングが整っていたともいえるが、規制緩和がもたらした様々な歪みもまた顕在化することになる。例えば、事業の運営主体を公共から民間へ移行させることによるサービスの品質低下や不採算事業の縮小・撤退などによる利用者負担の増大、様々

な場面で競争が激化することによる強者と弱者との間の格差の拡大、等々である。規制緩和、さらにはグローバリゼーションの進展により、これまでは既存の諸規制の陰に隠れて黙認されてきた「非効率性」が許容されなくなり、その非効率性による恩恵を意識的にせよ、無意識にせよ享受してきた人々にとっては、規制緩和によって大きな不利益を蒙ることになる。

（2）労使関係の変化（人件費の抑制、非正規雇用の増加）

2004年に行われた「労働者派遣法」の改正は、その後の労使関係、労働構造に大きな変化をもたらすものであった。

労働者派遣法改正のポイントは、以下の通りである。
・26業種の派遣期間制限の撤廃
・一般派遣業務の派遣期間延長（1年⇒3年）
・製造業への労働者派遣解禁（期間制限1年⇒2007.3より3年に延長）

派遣労働における規制緩和は、労働者側にとっては、就労における選択肢が増し、厳しい経済環境下でも雇用を維持する可能性を拡大する（失業率の低下）という側面がある一方、経営者側にとっては、非正規雇用者をより増加・活用できる余地を生むこととなった。経営環境の不確実性が増し、将来の成長戦略を立てづらくなっている企業にとって、人件費の抑制や変動費化は重要な経営課題であり、非正規雇用者の増加・活用は、こうしたニーズに応えうるものである。非正規雇用者の雇用者全体に占める割合は、1990年代半ば以降増加傾向にあったが、2004年の法改正以降もさらに増加を続け、2014年には37パーセントを超えるまでに至っている。また、派遣社員についても、2003年の平均では50万人であったものが、2004年には85万人、2005年には106万人へと急拡大している。

2008年9月のリーマンショックを発端とする世界同時不況の影響により、日本でも労働者派遣契約の打ち切りや解雇、雇止めなどの事態が発生し、「派遣切り」などという言葉ととともに社会問題化した。これを機に、2008年には140万人にまで拡大していた派遣社員は、2009年には108万人、2010年には96万人へと減少に転じている。

（3）外需主導と一部の大企業・製造業に偏った景気回復

　2002年2月以降、景気は拡大局面に入る。景気の拡大期間は69ヵ月となり、いざなぎ景気の57ヵ月（1965.10～1970.7）やバブル景気の51ヵ月（1986.11～1991.2）を抜いて戦後最長を記録する。しかし、この時期の景気拡大は、「実感なき景気回復」（平成19年版 経済財政白書）と呼ばれることが多い。その最大の原因は、景気拡大の恩恵が賃金・家計に反映されなかったことにある。

　この景気拡大をリードしたのは外需、すなわち輸出であり、それに寄与したのはデジタル家電ブームに支えられた電気機器や輸送機械、一般機械といった機械工業であった。輸出相手国は、経済が好調であったアメリカと中国であり、特に中国への輸出は、2001年に3,764億円であったものが、2007年には12,839億円と3.4倍にまで拡大している。またこの時期、企業が抱える債務、設備、雇用の3つの過剰がほぼ解消されたことも景気を回復させる一因となった。バブル経済の崩壊により、企業は多額の債務を抱えることになったが、2002年から2003年にかけて不良債権の処理が進み、企業の債務残高は減少する。雇用についても、1990年代末から人員整理が進められたことで、2004年末までには過剰雇用はほぼ解消された。設備投資については、2000年代前半にはまだ過剰感は高かったが、老朽設備、遊休設備の廃棄が順次進められ、2004年までには過剰感は解消している。

　こうした時期に外需が拡大したことで、日本の設備投資は増加し、企業収益も急速に改善する。しかし、企業収益の改善は人件費の削減によるところが大きかった。特に、非正規雇用の拡大が人件費の削減に大きく貢献している。そして2004年の労働者派遣法の改正がこれを後押しする形なった。これまでの過剰雇用に対する反省から、企業は正規雇用者の拡大には慎重であり、この期間、正規の雇用者数はむしろ減少している。さらに、年功序列型の賃金制度が崩れ、成果主義的な賃金制度の導入が進むなど（第Ⅰ部 第2章 2.2　人的資源に関する問題点を参照）、社員のモチベーションは維持しながらも、総人件費の上昇は抑制する、という人事制度への改革が進められたことも原因の一つと考えられる。

図表 II-3-6　製造業の当期純利益率と労働分配率の推移

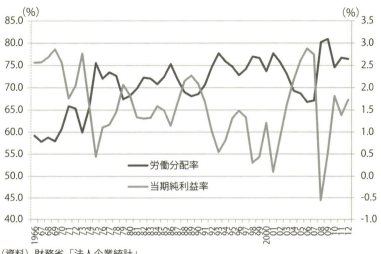

（資料）財務省「法人企業統計」
当期純利益率（％）＝当期純利益÷売上高×100
労働分配率（％）＝人件費÷付加価値×100

　人件費の削減は、労働分配率の推移からも確認することができる（図表II-3-6）。2001年以降、企業収益は改善し、当期純利益率などは上昇しているのにも関わらず、労働分配率（人件費を付加価値で割ったもの）は逆に低下を続けている。大手企業の業績が外需に支えられて改善したことで景気が拡大したものの、その利益の多くが配当や内部留保に回り、賃金の上昇につながらなかったことが「実感がない」とされる原因となっている。

3.5　リーマンショックとその後（2000年代後半〜）
（1）リーマンショックと世界同時不況
　2000年代に発生した世界経済を揺るがす大事件の一つに「リーマンショック」をあげることができるだろう。リーマンショックとは、アメリカ第四位の投資銀行であったリーマン・ブラザーズが、サブプライム・ローン問題を原因として2008年9月15日、米連邦破産法11条の適用を申請して経営破綻したことによる株価暴落等のことで、これが発端となって国際金融危機、

世界同時不況が発生し、日本経済にも多大な影響があった。

　サブプライム・ローンとは、通常では住宅ローンの審査に通らないような信用度の低い人々を対象とした高金利の住宅担保貸付けのことである。これらの債権は証券化されて世界各国の投資家に販売された。2000年代前半のアメリカの住宅価格が上昇を続けていたことからローン残高はさらに膨らみ、ローン債権の販売も拡大していった。しかし、住宅価格上昇率が2006年に入って以降急速に鈍化したことで「住宅バブル」が崩壊をはじめると、サブプライム・ローンに対する信用は失われ、その多くは不良債権と化した。リーマン・ブラザーズは、ハイリスク・ハイリターンのサブプライム・ローンを積極的に推進することで事業を拡大してきたが、住宅バブルが崩壊することで多額の不良債権を抱えることになり、ついには経営破綻に追い込まれる。

　サブプライム・ローン証券が組み込まれた金融商品が軒並み不良債権と化すと、これらを保有していた金融機関、機関投資家などは大きな損失を被ることになる。これにより、世界中の金融機関で信用収縮が発生、国際金融危機、世界同時不況へとつながっていく。日本においては、サブプライム・ローンに関連する商品への関与は比較的少なく、直接的な影響は軽微であったが、世界的な経済の冷え込みに加え、急速なドル安（円高）が進んだことでアメリカへの依存度が大きい輸出産業を中心にダメージが拡がった。その結果として日本においても大幅な経済活動の減速、景気後退を余儀なくされることになる[5]。

（2）東日本大震災による影響

　リーマンショックによる景気後退、生産量の落ち込みからようやく立ち直り始めたころ、日本では、東日本大震災という未曾有の災害と東京電力福島第一原子力発電所の事故を経験する（2011.3）。

　東日本大震災からの復興と原発事故の処理については、まだまだ緒に就いたばかりであり、その評価についてここでは触れないが、国内の経済活動にとって、少なからぬ影響があったことは否めない。リーマンショックの影響によって財務内容が悪化していた企業が、東日本大震災の発生による経営環

図表 II-3-7　東日本大震災関連倒産の推移

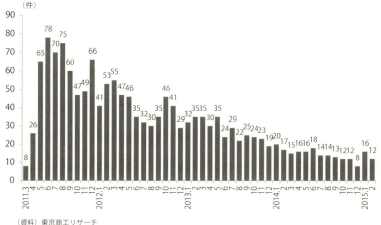

（資料）東京商工リサーチ

境の悪化で経営破綻に追い込まれる事例は少なくない（図表 II-3-7）。

　また、福島の原発事故は、原子力エネルギーの活用を積極的に推進してきた日本にとって、今後の原子力政策、さらにはエネルギー戦略に大きな影響を与えることは間違いない。

（3）欧州債務問題と超円高がもたらすインパクト

　欧州債務問題（欧州債務危機）は、ギリシャの財政問題に端を発する債務問題がユーロ圏各国に波及した一連の経済危機のことである。2009 年 10 月にギリシャで政権が交代すると、同国の財政赤字が公表数字よりも大幅に膨らむことが明らかとなる。「前政権時の財政統計に不正があり、2009 年の財政赤字見込みは従来の GDP 比 3.7 パーセントから同 12.5 パーセントに修正の必要がある」というものである。これによりギリシャ国債に対する信用は失われ、ギリシャ国債の価格が急落した。財政不安は、当初はギリシャに対するもののみであったが、その後、アイルランド、ポルトガル、スペイン、イタリアといった国々にまで飛び火し、さらには欧州全体の金融システムまでを揺るがす事態となる。

これらユーロ圏の国々の財政不安に加え、欧州の金融機関の体力低下がその危機感をさらに大きなものにした。2008年のリーマンショックによって欧州の金融機関は多額の不良債権を抱え込むことになり、その処理がまだ進んでいない状況のなかでこのような財政不安の問題が発生したためである。欧州金融機関は、保有する自国・他周辺国の国債の値下りによる評価損やこれらの国々向けの貸出金等の新たな不良債権を抱え込むこととなり、経営面の健全性は大きく低下した。欧州の国々や金融機関における財政、金融両面における不安が拡大すると、共通通貨であるユーロに対する信頼が低下し、相対的に安定的とされる円が買われることとなる。

　円は、ギリシャ危機以降値上がりを続け、2011年10月には一時ドルに対し75円54銭をつけて最高値を更新した。また、ユーロに対しても1ユーロ95円前後まで値上りしている。こうした急激な円高の進行、すなわち超円高水準は、日本の輸出産業にとって大きなダメージを及ぼす。1973年に変動相場制に移行して以来、為替相場は、円がドルに対して値上がりする傾向が続いてきた。輸出の拡大で経済成長を実現してきた日本にとって、円高進行の歴史は、日本製品の海外マーケットでの競争力低下圧力との長きに亘る戦いの歴史でもある。欧州債務問題に端を発する急激な円高の進行、超円高水準は、これまでグローバル企業において進められてきた「輸出から海外生産へ」のモデルチェンジをさらに決定的なものとした。

（4）アベノミクスの目指すところ

　2012年12月に第二次安倍内閣が発足する。

　「アベノミクス」とは、安倍内閣における経済政策の通称である。アベノミクスの基本政策は、
・大胆な金融政策
・機動的な財政政策
・民間投資を喚起する成長戦略
であり、これらは「三本の矢」と表される。

　日本は、バブル経済の崩壊以降、低い経済成長率、デフレ経済に苦しんできた。この「三本の矢」によってデフレを克服し、経済を成長路線に乗せ、

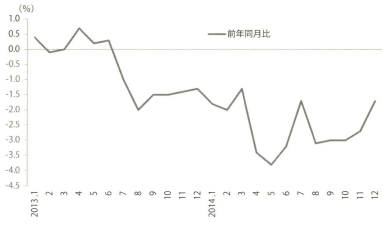

図表 II-3-8　第二次安倍内閣発足後の実質賃金指数（前年同月比）

（資料）厚生労働省「毎月勤労統計調査」　事業規模5名以上　調査産業計

財政の健全化を達成することがアベノミクスの狙いとするところである。安倍政権とアベノミクスについては、現在も継続中であり、その政策が正しいものであるのかどうか、については議論の分かれるところである。しかし、日本経済が今後も成長・発展するためには、前述の狙いを達成する必要があることに疑いの余地はない。現段階でこれらの政策効果を正しく把握し評価するのは困難であるが、課題の一つであった円高の是正については、欧州債務問題が一息ついていることもあって円安方向で推移している。しかし、円高が是正されたことによって輸出があまり増えていないことは期待外れといえよう [6]。

また、国内経済については株価が上昇 [7] するなど、景気回復の兆しが見られるが、2014年4月に実施された消費税増税の影響もあって、本格的な動きとなるかどうかは予断を許さない。

デフレ経済からの脱却については、物価の上昇は見られるものの、実質賃金（名目賃金を消費者物価指数で割ったもの）は前年同月比で逆に低下しており、賃金の上昇が消費を押し上げる動きは弱い（図表II-3-8）。こうした状

況下において、2015年10月に予定されていた消費税の10パーセントへの引き上げについては、一年半延期されることが決定された（その後、アベノミクスの継続の是非を争点に衆議院議員選挙が2014年12月に行われ、自公連立政権が勝利し、アベノミクスはその後も継続されることとなった）。

　成長戦略に関しては、既に様々な政策目標が提示されているものの、それらが具体的な動き・成果として目に見えるまでには至っていない。女性の活躍推進や地方創生などの重要政策が具体的に推進され、国民がその結果・成果を実感できるようになるかどうかは、アベノミクスの成否はもちろん、今後の日本経済の行く末にも大きな影響を及ぼすことになる。

注
1) ガリオア資金やエロア資金が日本の戦後復興に果たした役割等については、外務省のホームページなどに詳しい。当初は贈与的な性格の資金であったが、1962年のガリオア・エロア協定により日米間での債権・債務として扱われることになった。4億9千万ドルを15年で返済するもので、これらは開発途上国への経済援助や日米間の文化交流などに活用された。
2) 第二次世界大戦中の1944年7月、連合国側による戦後の国際通貨制度に関する会議が開催され、為替の安定（通貨間の交換レートの固定）や国際通貨制度の再構築等に関する取り決めが行われた。この会議がアメリカ合衆国ニューハンプシャー州のリゾート地、ブレトンウッズで開かれたことから、1944年のIMF（国際通貨基金）の設立から1971年のニクソン・ショックまでの国際通貨体制をブレトンウッズ体制と呼ぶ。ドルを国際通貨とし、金とドルの交換率を金1オンス＝35ドルと決定した。為替レートも固定とされ、日本は1ドル＝360円に設定された。
3) オイルショックともいう。原油価格の急激な上昇は、日本の経済活動に大きな影響を与えたが、原油価格とは直接関係のないトイレットペーパーや洗剤などの買い占め騒ぎが起きるなど、一般家庭の消費生活にも少なからず混乱が生じた。

4) (幸いにして？) 筆者には、バブル経済の恩恵やその崩壊によるデメリットはなかったが、その当時は都市銀行の支店で融資を担当しており、結果として信用の拡大、バブルの膨張に加担してしまっていた。
5) リーマンショック発生当時、筆者はコンサルティングファームでマネジメントを担当していたが、リーマンショック後、まさに潮が引くが如くコンサルティングの受注が激減したことを記憶している。本業が苦しい状況では、コンサルティングフィーなどは真っ先にカットされてしまうためであろう。
6) 円安による輸出の伸びよりも原材料等の輸入価格の上昇により、貿易収支の赤字幅は拡大した。しかし、円安の影響によって一部の製造業には「国内回帰」の動きも見られるほか、自動車、電機などの大手の輸出産業は確実に業績が上向いている。大手企業の業績改善が労働者の賃金上昇につながり、さらには中小企業の労働者にまで波及し、これが今後の消費の拡大に結び付くかどうか、アベノミクスの正念場である。
7) 2015年3月20日の時点では、日経平均株価は2万円直前の水準にまで回復しており、2000年のITバブルの頃の水準に近づいている。

第4章　伝統的産業の現状と方向性
4．1　繊維工業
（1）繊維工業の特徴

　繊維工業は、戦後日本の経済成長・発展をリードした重要な産業である。繊維工業の特徴として「労働集約型」の産業であることを指摘することができる。労働集約型の産業とは、事業活動のうち人間の労働力の占める割合が大きい産業のことをいう。逆に、事業活動において機械や設備・プラントなどが占める割合が大きい産業のことを資本集約型産業と呼ぶ。機械化によって業務の効率化・高度化が進み、労働集約型から資本集約型へと移行する産業も少なくないが、接客が必要な飲食業や介護事業などのサービス業は、依然として労働集約型産業としての特徴を有している。

　繊維工業においてもその工程によって労働集約の程度に差があり、製糸・紡績工程は必ずしも労働集約的とは言えないが、縫製工程などでは依然として多くの人手を必要とする。（写真）は、筆者がタイのバンコクに進出した日系企業の縫製工場を見学したときのものである。JUKIなど日本製の工業用ミシンが並ぶ前で多くの現地の女性が縫子として働いている様子から、労働集約的であることが実感できる。

　労働集約型産業の特徴として、総コストに占める人件費の割合が大きいことがある。すなわち、人件費を低く抑えられる国や地域ほど競争優位となる。戦後より1950年代ごろまでは、日本の人件費（労働コスト）は国際的にみて低く、日本人の勤勉性とも相まって繊維工業が発展するうえで有利な条件を備えていた。実際に、1950年代には日本からの安価な綿製品等のアメリカ向け輸出が拡大したことから、アメリカの繊維業界が日本からの輸出を制限する法案成立を議会に働きかける動きをみせるなど、繊維製品をめぐって日米の貿易摩擦が発生した。1950年代前半には日本の製造業出荷額の2割を超え、輸出額の約4割、雇用の2割を占める主要な輸出産業として成長している（図表II-4-1）。

　生産から流通まで多段階のサプライチェーンが形成されていることも、この産業の特徴の一つである。これを川の流れに例えて、製糸工程を「川上」、テキスタイル（織布）や染色整理などの工程を「川中」、縫製などの工程を

(写真) タイの縫製工場の様子

図表 II-4-1 繊維工業の製造品出荷額等の推移と全体に占める割合

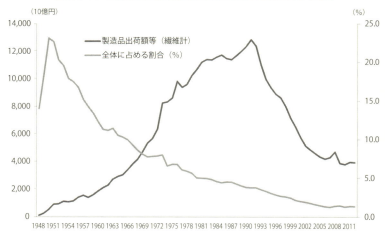

(資料) 経済産業省「工業統計」
(注) 繊維工業には「衣服・その他の繊維製品」を含めている

「川下」などと呼ぶことがあるが、ここからさらに、アパレル、小売りなどを経て、ようやく繊維製品が消費者の手元に届くことになる。なお、繊維メーカーなど川上分野に位置する企業ほど規模が大きく、川中、川下分野ほど企業規模は小さくなり、かつ労働集約的になる傾向がある。

また、繊維には様々な種類がある。衣類などに用いられる汎用繊維には、天然繊維と合成繊維（化学繊維）がある。天然繊維には、綿や麻などを原料とする植物性のもの、絹や羊毛などを原料とする動物性のものがある。合成繊維（化学繊維）は石油を原料とするもので、ナイロン、ポリエステル、アクリルは3大合成繊維と呼ばれる。また、再生繊維と呼ばれるレーヨンは、高価な絹の外観に似せて人工的につくった繊維であり、木材パルプを原料とする。この他にも、金属繊維、炭素繊維、アラミド繊維など衣服以外の用途に用いられる高機能繊維が開発され、様々な産業分野で活用されている。

（2）繊維工業を取り巻く状況

　国内の安価な労働力を背景に、繊維工業は、戦後から高度経済成長期にかけて、日本のリーディング産業、主要な輸出産業として外貨の獲得に貢献し、日本経済の発展を牽引してきた。しかし、日本経済が成長するとともに労働者の賃金は上昇し、国民が豊かになると、労働コストの安さ、という優位性は失われていく。その一方、1980年代以降、中国など人件費の安い国や地域から安価な繊維製品が大量に輸入されるようになると、繊維メーカーはその生産拠点を海外に移すようになる。その結果、国内生産量は減少し、産業としての競争力も低下、日本の繊維工業は生き残りの時代へと突入することになる（図表Ⅱ-4-2）。

　産業の国際競争力を見るための一つの指標に、「純輸出比率（Net Export Ratio）」がある。これは、次のような単純な計算式から求めることができる。

　　　純輸出比率 ＝（輸出－輸入）／（輸出＋輸入）

　仮に、ある産業の製品が価格、品質ともに優れていて国際競争力が強い場合、輸出は拡大するが輸入はゼロに近くなり、純輸出比率は「1」に近い値を示す。逆に、国産の製品が価格や品質面で海外製品より大きく劣っており、国際競争力が弱い場合、国内需要の多くは輸入で賄われて輸出はゼロに近くなるため、純輸出比率は「－1」に近い値を示す。すなわち、純輸出比率は当該産業の輸出と輸入の実績値によって＋1から－1の間の値をとり、その

図表 II-4-2 製造業に占める割合（繊維工業＋衣服・その他の繊維製品製造業）

（資料）経済産業省「工業統計（産業編）」

値が＋1に近ければ国際競争力があり、－1に近ければ国際競争力がない、と評価するのである。

繊維工業の純輸出比率は、天然繊維、合成繊維ともに1960年代までは＋1に近い値を示していたが、その後、同比率は低下をはじめ、1990年代にはマイナスの値を示すようになる。純輸出比率の動きは、戦後から高度経済成長期までは輸出産業として日本経済を牽引し、1980年代以降は中国など人件費の安い国や地域からの安価な繊維製品の輸入におされて生産量を減らし、国際競争力を失っていく事実と符合する。

（3）繊維工業の方向性

繊維工業は中国などの新興国の台頭によってその国際競争力を低下させているが、大手、中小ともにこれまでの蓄積を活かしつつ、生き残りのための対策を講じている。

・大手の対応

繊維大手の対応として、まず「生産拠点の海外移転」がある。生産拠点を海外に移転し、製造コストを抑えることにより海外製品との価格競争力の維持を図るものである。次に、「高機能繊維へのシフト」がある。前述のように、

アラミド繊維や炭素繊維などといったより付加価値の高い高機能繊維を開発・製造することにより、衣類以外のマーケットへの事業を展開するものである。さらに、「脱繊維、蓄積した技術を活かした新事業展開」がある。競争力を失った繊維事業から撤退、もしくは事業を縮小する一方、化学の分野でこれまで培ってきた技術・ノウハウを活かし、繊維以外の分野に事業を拡大する。具体的には、環境・エンジニアリング、情報通信材料などの分野が該当する。

　例えば、東洋紡は、レーヨン事業等を手掛けていた会社であるが、現在では、売上全体に占める衣料繊維の割合は 21.9 パーセントまで低下しており（2014 年度決算）、フィルム・機能樹脂、産業マテリアル、ライフサイエンスなどの分野が売上の主体となっている。これまで培ってきたコア技術を駆使して「環境、ライフサイエンス」といった、人々の未来を支える新しい分野の技術を、より一層磨いていく、としている。

　東レも東洋レーヨンとしてレーヨン製造よりスタートした会社であるが、現在の売上全体に占める繊維の割合は 42.6 パーセントで、残りの 6 割弱は、プラスチック・ケミカル、環境・エンジニアリング、情報通信材料・機器、炭素繊維複合材料、ライフサイエンスなどの事業が占める（2014 年度決算）。2006 年 4 月に策定された長期経営ビジョン "AP - Innovation TORAY 21" では、Chemistry（化学）を核に技術革新を追求すると共に、10 年先を見据えて「先端材料で世界のトップ企業を目指す」としている。その中でも、炭素繊維[1]では世界トップの生産能力を有している。炭素繊維とは、アクリル繊維を高温で熱処理してつくる産業用素材であり、軽量かつ強度に優れた将来有望な新素材である。鉄の 4 分の 1 の重さで 10 倍の強度があり、弾力性も 7 倍といった素材の特性を活かし、釣竿やラケット、建築材料の他、最近では、航空機（ex. ボーイング 787）、ロケット、自動車部品（ex. ダイムラーとの提携）など軽量化が求められる分野への利用が拡大している。東レの他、帝人、三菱レーヨンの 3 社で世界のシェアの約 7 割を占めるなど、日本メーカーがこの分野では世界をリードしている。

　東レで注目されるのは、繊維分野での新たな事業展開である。具体的には、ユニクロと「戦略的パートナーシップ」を結んで共同開発した保温性肌着

「ヒートテック」の大ヒットがある。2003年のヒートテックの登場は、東レの好業績に大きく貢献しただけでなく、その後の高機能衣料のマーケットの拡大をもたらした。ヒートテックの持つ「発熱・保温・吸汗速乾」といった機能は、レーヨン繊維の持つ吸湿発熱効果とアクリル繊維の持つ高い保温性、ポリエステルによる速乾性といった、それぞれの素材が持つ特性を効果的に組み合わせることによって生み出されたものである。繊維大手が、世界での生き残りをかけて事業のリストラを行い、繊維事業からの撤退、もしくは事業縮小等を行ってきた（例えば、帝人は2003年にナイロン事業から撤退し、旭化成もアクリル事業から撤退している）のとは対照的に、東レは、3大合成繊維の事業すべてを維持しており、このことが、ヒートテックのような新たな繊維素材の開発を生み出す要因となった。また、製糸から縫製までの多段階で複雑なサプライチェーンを統合し、これら全ての工程を東レが担当したことも、コストダウンの実現とともに、新たなコンセプトを持った製品を開発することに成功した要因とされている。素材だけでなく、保有・蓄積してきた技術・資源を活かした付加価値を「商品」として売ることに成功した事例といえよう。

・中小の対応

　一方、大手よりも企業規模が小さく、川下分野に位置する中小・地場企業は海外製品とのより厳しい競争に晒されており、生き残るためには一段と厳しい条件が求められるが、高級化戦略や（国際）ブランド戦略などによってこれに対応しようとする動きがあり、注目される。

　例えば、関西のある中小靴下メーカーは、従来まで有名ブランドメーカーの製品を製造するOEM（Original Equipment Manufacturer）を手掛けてきたが、新たな機能性素材の開発を機にオリジナルブランドを立ち上げるとともに全国への販売展開を図り、高機能製品の市場投入と自社ブランドの確立によって、安価な海外製品との価格競争に対抗しようとしている。

　また、経済産業省の補助事業である「JAPANブランド育成支援事業」を活用し、世界にも通用する商品ブランドを確立して事業を拡大しようとする動きも見られる。JAPANブランド育成支援事業とは、「複数の中小企業等が連

携して、優れた素材や技術等を活かし、その魅力をさらに高め、世界に通用するブランド力の確立を目指す取り組みに要する経費の一部を補助することにより、地域中小企業の海外販路の拡大を図るとともに、地域経済の活性化及び地域中小企業の振興に寄与することを目的」とするものである。商工会議所や組合、NPO、中小企業等を主とする4社以上のグループ等が補助の対象となり、自らの現状を分析し、明確なブランドコンセプトと基本戦略を策定するための「①戦略策定支援事業」に要する経費を補助するものと、デザイン開発・評価、新商品開発・評価、展示会への出展などの「②ブランド確立支援事業」に要する経費を補助するものとがある。「①戦略策定支援事業」については、上限500万円、下限100万円の定額補助、「②ブランド確立支援事業、及先進的ブランド展開支援事業」には補助対象経費の3分の2（上限2,000万円、下限100万円）が補助される。

　これまでに多くのプロジェクトが採択され、様々な事業が実施されてきたが、ここでは、繊維の分野における成功事例の一つとして、「今治タオルプロジェクト」を紹介したい。四国の愛媛県北部に位置する今治市周辺には、明治時代よりタオル製造業が集積し、大阪などと並ぶ国内でも最大規模のタオル産地を形成していた。しかし、中国からの安価な製品の流入によりその競争力が失われつつあった。そこで、今治商工会議所が主体となり、四国タオル工業組合、今治市が連携して2006年度から2009年度までの間「JAPANブランド育成支援事業」を活用し、世界に通用する今治タオル産地のイメージの確立と「今治タオルブランド」の浸透に取り組んだのである。ブランド構築に向けた具体的な取り組みとしては、アートディレクタに佐藤可士和氏を起用し、ブランドマーク＆ロゴを制定して製品に付与し、品質基準を満たしていることの証とするほか、バスローブやパジャマなどの商品開発、アーティストなどとのコラボレーション、各種メディアへのプロモーション、海外見本市への出展、伊勢丹新宿店での常設販売、タオルソムリエ資格の認定やタオルマイスターの養成、等々がある。こうした取り組みを行った結果、ロゴマークとともに、今治タオルは「品質が良く優れたもの」、というブランドイメージが次第に確立されて国内外に浸透しつつある[2]。

4.2 鉄鋼業
(1) 鉄鋼業の特徴

　鉄鋼業は、産業革命以降「産業のコメ」と呼ばれるほどに重要な産業である。ドイツ帝国の宰相ビスマルクの「鉄は国家なり」という言葉が示すように、その生産量は国力を表すものとなっている。戦後日本の復興と高度経済成長を支えた基幹産業であり、日本のモノづくり、経済力を象徴する主要産業の一つである。

　鉄は、安価で入手しやすく、また加工も比較的容易である、という優れた性質から様々な産業、用途に利用されている。橋梁や建築資材、タンカーなどといった巨大な構造物から、各種の機械器具、食器や包丁などといった身の回りの生活用品、ネジなどの小さな部品に至るまで、鉄から作られた製品は世の中に溢れている。

　1960年代以降、日本の人口が増加し経済が発展するに伴って、鉄に対する需要は大きく拡大する[3]。国内の旺盛な鉄鋼需要に対応するため、日本の鉄鋼業は急速に発展する。鉄鋼業は、典型的な装置産業、すなわち「資本集約型」の産業である。鉄鉱石から鉄を取り出すには、「高炉」や「転炉」と呼ばれる巨大な装置、プラントが必要となる。高度経済成長期には、こうした巨大な溶鉱炉（高炉）が大都市近郊の臨海部などに作られて、フル稼働していた。

(2) 製鋼のプロセス

　鉄製品を作り出すためには、原料となる鉄鉱石に含まれる鉄分を取り出すことが必要である。鉄鉱石には、酸化した状態の鉄分が含まれているため、これを「高炉」という設備の中で「還元反応」を発生させて鉄分を取り出すのである。還元反応を起こすための還元剤としてコークスが用いられる。コークスの炭素が鉄鉱石に含まれる不要な酸素を除去する。また、高炉の目詰まりを防ぐため、石灰石を混ぜて焼結化する必要がある。鉄鉱石とコークス、石灰石を高炉で高温に熱することにより、まず「銑鉄」が生産される。

　高炉から生産された銑鉄には4～5パーセントの炭素が含まれており、硬くて脆い性質を持っているため、このままでは産業利用できない。これを強

くて粘りのある鋼（steel）とするには、さらに炭素の含有量を低減させる必要がある。このプロセスは「転炉」という設備で行われる。生産された銑鉄にさらに高純度の酸素を吹き込むことで余分な炭素の除去を行う。

　転炉において炭素が除去されたものを「粗鋼」と呼び、この状態になってはじめて様々な鉄鋼製品の材料として利用することが可能となる。鉄鋼生産量を国別に比較する場合には、この粗鋼生産量が用いられる。

　なお粗鋼には、鉄鉱石を原料とし高炉、転炉を経て生産されるものと、鉄スクラップを原料に生産されるものとがある。原料が鉄スクラップである場合は、「電気炉」と呼ばれる設備で精錬が行われる。

　溶けた状態の鋼（溶鋼）は、その後、連続鋳造設備によって鋼片という半製品に固められる。帯状の鋼片は所定の長さに切り分けられ、スラブ、ビレット、ブルームなどと呼ばれる半製品に加工される。これら半製品は、再度加熱され、圧延機によって線材、厚板、薄板、鋼管などの最終的な形に整えられたのち、製品として国内外に出荷される。

（3）鋼の種類と用途

　鋼には、含有される元素やその濃度によって様々な特性が生じる、という特徴がある。普通鋼（炭素鋼）は一般的に用いられる鉄鋼であり、炭素含有量が0.02パーセントから2.14パーセントまでのものをいう。なお、炭素含有量が0.3パーセント以下のものを低炭素鋼、0.3～0.7パーセントのものを中炭素鋼、0.7パーセント以上のものを高炭素鋼という。炭素含有量が多くなると、引張り強さや硬さが増す半面、伸び・絞りが減少し、被削性・被研削性が悪くなる。ばね鋼と呼ばれる鋼は高い弾性を必要とするため、炭素分が0.5パーセント程度と高くなっている。

　普通鋼以外に、特殊鋼（合金鋼）と呼ばれる鋼がある。炭素以外の元素（ケイ素やマンガン、クロム、ニッケル、バナジウム、モリブデンなど）を加えることで、普通鋼にはない特殊な性質、具体的には、硬度、強度、粘り強さ、耐摩耗性、耐熱性、耐食性などの特性を増加させることができ、様々な用途に活用される。その代表的なものの一つに、ステンレス鋼がある。これは、10.5パーセント以上のクロムを含有する合金鋼であり、鉄の弱点である錆（酸

化）を防止するなど、耐食性、耐久性、耐火性などに優れている。食器や調理器具、厨房設備、構造物や鉄道車両の外面などに用いられる。

　高張力鋼は、鉄に銅、ニッケル、クロムなどを添加することで製造され、引張りや圧縮に強く、変形しにくい特性を持たせることができる。強度を維持しつつ軽量化が求められる用途に利用されることが多く、最近では、高い燃費効率が求められる自動車のボディなどへの需要が高い。そして、日本の鉄鋼メーカーは、この高張力鋼板の製造技術において高い競争力を有しているのである。

　電磁鋼は、電気エネルギーと磁気エネルギーの変換効率が高い鋼であり、ケイ素を添加することで製造される。発電機や変圧器などに用いられる他、近年ではハイブリッド車のモーターの鉄芯としても利用され、モーターの性能に影響する重要な部品の一つとなっている。

（4）鉄鋼業界のプレイヤー

　鉄鋼業の業態は、高炉メーカー、電炉メーカー、単圧メーカー、伸鉄メーカー、鋳鍛鋼メーカーなどに分類される。高炉メーカーとは、高炉を持ち、鉄鉱石等の原料から最終製品である鋼材までを一貫して生産できる企業であり、現在の日本では、新日鐵住金、ＪＦＥ（ジェイ　エフ　イー）ホールディングス、神戸製鋼所の3社がこれに該当する。

　電炉メーカーとは、電気炉で鉄スクラップより鋼材を生産する企業であり、東京製鐵、大和工業などがある。

（5）鉄鋼業発展の歴史

　経済成長が始まる1960年頃までの日本は、先進国ではなく、発展途上国の経済であったといってよい。産業の合理化、設備の近代化を早期に実現して競争力の強化を着実に進めるためには、政府による計画、支援の下に、官民が互いに協力しあいながらその実行に邁進することは合理的な行動であった。

　戦後日本の鉄鋼業は、戦中・戦後の時期に生産設備の近代化が進んだ欧米先進国の鉄鋼業との間で格差が拡大していた。すなわち、国産の鉄鋼製品は

第 4 章　伝統的産業の現状と方向性

品質が低いうえにコスト高であり、国際競争力はなかったのである。しかし、戦後しばらくの間は、各種の補助金や複数為替レートによって保護されており、産業合理化は先送りされていた。官民がともに産業合理化の重要性を認識するようになったきっかけは、1949 年にアメリカ政府の方針に基づいて実施されたいわゆる「ドッジライン」である。国内の産業は、均衡予算、単一為替レート、補助金と統制の撤廃という一連の措置により市場経済への移行と国際マーケットにおける競争、という大転換が求められることになる。その結果、国内産業の合理化を早急に図り、競争力を強化することが最重要な政策と認識されるようになった。通商産業省に産業合理化審議会が設置され、「我が国産業の合理化方策について」が答申されたが、この中で「産業機械設備の合理化及び近代化の促進」が取り組むべき第一の施策とされた。1950 年代には、鉄鋼をはじめ、石炭、電源、造船などの分野で産業合理化計画がスタートしている。

　経済成長を達成するためには、国内の鉄鋼業が早期に近代化し、競争力をつける必要があったが、政府にも鉄鋼業界にもこれを推進するだけの余力はなかった。しかし、1950 年 6 月 24 日に朝鮮戦争が勃発、その特需がこれを可能にした。外需が拡大したことにより、日本の鉄鋼業は、官民共同による産業合理化、競争力の創造・強化に本格的に取り組むことができるようになる（第一次合理化計画、1951 年～）。政府は、鉄鋼企業が提出する合理化計画にお墨付きを与え、合理化資金を確保することでこれを支援した。

　日本の高炉メーカーは、終戦直後には八幡製鉄、富士製鉄、日本鋼管の 3 社のみであったが、後に、川崎製鉄、住友金属、神戸製鋼所の 3 社が新たに参入を果たす。新規参入は、業界内の過剰な競争、あるいは二重投資を助長する要因ともなるため、上記の合理化計画の趣旨とは一見矛盾するようにみえる。事実、川崎製鉄の高炉メーカーへの参入時（すなわち、千葉における一貫製鉄所の建設）には、政府や業界から大きな反対があり、当時の一万田尚登日銀総裁は「千葉にペンペン草をはやしてやる」とまで発言したといわれる。しかし、通商産業省は最終的には民間事業者の意思を尊重する形でこれを規制しなかった。その後の川崎製鉄の成功とこれに続く住友金属、神戸製鋼所の参入、そして日本の鉄鋼業界の発展をみれば、その判断は正しかっ

図表 II-4-3　粗鋼生産量の推移

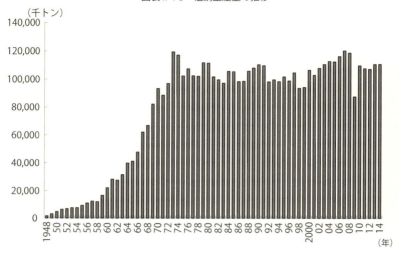

（資料）一般社団法人 日本鉄鋼連盟「鉄鋼需給統計月報」

たことになる。

　第一次合理化計画による生産設備の近代化と生産技術の向上により高品質・低価格の製品供給を実現したことで、日本の鉄鋼業は粗鋼生産量を大きく伸ばした。その後の経済成長による鉄鋼需要の増大により生産量はさらに大きく伸びる。1950年には484万トンであった粗鋼生産は、5年後の1955年には940万トンへと倍増し、1956年からは第二次合理化に取り組んだ結果、1960年には2,214万トンに、1961年からは第三次合理化を開始し、1965年の粗鋼生産は4,116万トンとなり、アメリカ、ソビエトに次ぐ世界第三位の鉄鋼生産国にまで成長する。

　日本の粗鋼生産量は1975年には1億トンを突破するまでに拡大するものの、1973年の第一次石油ショック以降は長い需要不振期に入り、成長率は低迷する。リーマンショック発生後の減産期を除けば、年間1億トンから1億2千万トンの間で推移している（図表II-4-3）。ただし、生産量とともに輸出の拡大もあって、純輸出比率は高い値（2000年以降では0.7～0.8程度）を示すなど、現在においても世界の中で一定の競争力を維持している。

第4章 伝統的産業の現状と方向性

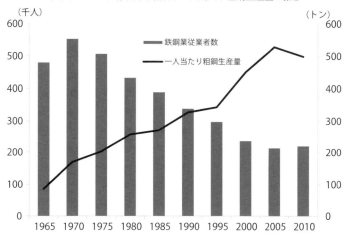

図表 II-4-4　鉄鋼業従業者数と一人当たり粗鋼生産量の推移

（資料）経済産業省「鉄鋼・非鉄金属・金属製品統計年報」、経済産業省「工業統計（産業編）」

（6）鉄鋼業を取り巻く状況　～国際競争力の状況／市場の変化への対応

　1960年代に大きく成長した鉄鋼業であったが、1973年の第一次石油ショック以降は長い需要低迷期に入る。先進各国の社会資本の整備が一巡したことや、自動車や家電などの成長産業分野の鉄鋼需要が鈍化したことなどがその原因である。世界の鉄鋼需要の成長率は年1パーセント程度にとどまり、鉄鋼業界は「成熟産業」、「斜陽産業」などと呼ばれるようになる。

　さらに、バブル経済の崩壊以降の景気低迷で内需が低迷していたところに、1999年のゴーンショック（日産自動車による調達コスト削減）が発生、鋼材価格が大幅に下落したため鉄鋼メーカーの業績は大きく悪化した。業績が悪化したメーカーは、リストラや企業再編を進めざるを得なくなり、国内では過剰となった生産設備の調整が行われ、多くの高炉が廃炉となった。その結果、2014年時点の高炉数は27基と1973年末の69基に比べて半分以下となっている。加えて、鉄鋼業の従業者数も大きく減少する。1970年代以降2000年台前半にかけて減少基調にあり、1970年には55万人いた従業者数は、2003年には20万人強へと半減している（図表II-4-4）。また、大

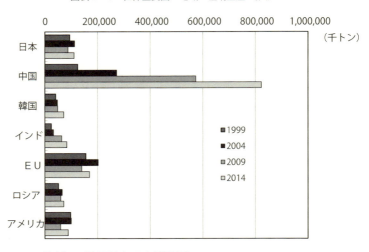

図表II-4-5　世界主要国・地域の粗鋼生産の推移

（資料）一般社団法人　日本鉄鋼連盟

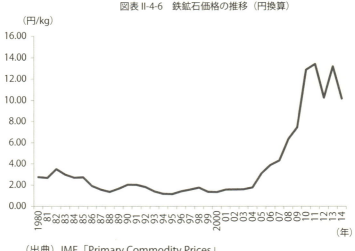

図表II-4-6　鉄鉱石価格の推移（円換算）

（出典）IMF「Primary Commodity Prices」

規模な企業再編が世界規模で行われた。日本でも、川崎製鉄と日本鋼管が経営統合してＪＦＥホールディングスが誕生している。

2001年以降、経済の急激な発展に伴って中国の粗鋼生産が拡大をはじめると、需給の緩和による鋼材価格の低下や鉄鉱石等の原材料価格の高騰などが生じ、日本の鉄鋼業界にも影響を及ぼした（図表Ⅱ-4-5、Ⅱ-4-6）。世界の鉄鋼需要は、1973年の第一次石油ショック以降長らく低迷していたが、中国などの新興国の経済発展で鉄鋼需要の拡大がはじまると、日本の鉄鋼業もこの恩恵を受けて、粗鋼生産量は拡大する。しかし、既に過剰設備の廃棄を行っていたこと、汎用鋼材から競争力の高い高張力鋼（ハイテン）などの高級鋼へと主力製品を移していたこと、などの理由から、大きな生産量の拡大には結びついていない。

2008年9月に発生したリーマンショックとその後の世界金融危機は、鉄鋼業界にも大きな影響を及ぼした。それまで月間1千万トン程度で推移していた粗鋼生産量は、リーマンショック発生直後から減少をはじめ、2009年3月には前年同月比53.3パーセントにまで低下した。粗鋼生産量が回復して安定し始めるのは、ほぼ1年後の2009年10月頃であるが、リーマンショック前の水準には戻らず、ほぼ9割強で推移している。

こうした国際経済の動向による需給への影響とともに、新たな素材などとの競合も顕在化しつつある。例えば、炭素繊維複合材料などとの競合である。「4.1 繊維工業」のところで触れたように、鉄の4分の1の重さで10倍の強度があり、弾力性も7倍といった特性を持つ炭素繊維は、鉄の強力なライバルになりうる。現状では製造コストが高く、大型化や成形加工が難しい、といった点がネックとなっているが、こうした弱点も研究開発の進展によって次第に解消されつつある。環境問題やエネルギー制約などの面から様々な産業分野において「軽量化」は重要な課題になっており、一部の用途においては、こうした新たな素材が鉄にとって代わる可能性も十分考えられる。

（7）鉄鋼業の方向性

鉄鋼需要の低迷や中国など新興国における鉄鋼生産の急激な拡大等により、世界の鉄鋼マーケットにおける需給バランスに変化が生じ、世界規模での業界再編が進行することになる。アメリカの鉄鋼メーカーは、ＵＳスチール、ミタル・スチール、ニューコアの3社に、ヨーロッパでも、アルセロー

ル（ルクセンブルグ）、ティッセン・クルップ（ドイツ）、リバ（イタリア）、コーラス（イギリス）の4グループに再編された。その後、アルセロールはミタル・スチールに、コーラスはタタスチールに買収される。規模を拡大することによって、鉄鉱石等の原材料調達における資源メジャーとの価格交渉力や自動車メーカーなど鉄鋼製品ユーザーとの価格交渉力を強化すること、などがその狙いである。

　日本においても、2002年に川崎製鉄と日本鋼管が経営統合してＪＦＥホールディングスが誕生し、新日本製鐵、神戸製鋼所、住友金属工業の3社が資本・業務提携を行って、事実上2つのグループに集約された。新日本製鐵、神戸製鋼所、住友金属工業の3社による資本・業務提携には、海外資本からの敵対的買収を防ぐための側面もあった[4]。新日本製鐵と住友金属工業は、さらに2012年10月に経営を統合し、新日鐵住金㈱として新たなスタートを切った。人材や資金の効率的な配分等によって中国やASEAN、インド、中南米など新興国の旺盛な鉄鋼需要に対応、海外勢に対抗するとともに、資源メジャーとの原材料価格交渉を有利に運ぶことを狙いとしたものである。なお、神戸製鋼所はこの経営統合には加わらないものの、提携関係は維持する方針である。

　他社との連携は、国内のことだけにとどまらない。今後、海外のマーケットにおける鉄鋼需要の拡大が見込まれることから、中国をはじめインドやブラジルなど、外国の鉄鋼メーカーとの業務提携なども積極的に推進されている（例えば、ブラジルウジミナス社の大規模な設備投資を新日鐵が支援、住友金属とフランスハローレック社によるブラジルでのシームレスパイプの合弁生産など）。また、欧州債務危機による急速な円高の影響もあって、鉄鋼業においても輸出から海外生産へのシフトが起きている。

　日本の鉄鋼各社は、経営統合や業務提携等により経営体力の強化に努めているが、生産の主力は汎用鋼ではなく、高級鋼の生産にその競争優位を求める路線をとっている。例えば、高張力鋼板（ハイテン）は、引張りや圧縮に強く、軽量化と安全性とを両立できる鋼であることから、自動車用鋼板として優れている。こうした鋼材を安定的に生産・供給できる技術を持った企業は、世界の中でも限られており、新日鐵住金など日本の鉄鋼メーカーはこうした分

野に強みを有している。また、神戸製鋼所は軽量複合材料の生産にも強みがある。こうした技術力の背景には、過去に研究開発・技術開発に多額の経営資源を投入してきた、という事実がある。世界の主要鉄鋼メーカーが有する自国での登録特許件数を比較すると、日本のメーカーが有する特許の数が突出して多いことが分かる。研究開発の積み重ねに裏付けられた高度な技術と高付加価値商品の生産能力こそが、日本の鉄鋼メーカーの競争力の拠り所である。

　また、鉄鋼業の経営に影響する課題として環境問題を指摘することができる。製鋼のプロセスで記載したとおり、高炉から鋼が生産される過程で大量の二酸化炭素などの温室効果ガスが排出される。鉄鋼業は日本の産業部門の中で最大の二酸化炭素排出業種となっており、全体の15パーセントを占めている。地球温暖化の防止、気候変動の抑制の観点からは、温室効果ガスの排出量をできるだけ抑えることが求められている。こうした国内外の要請に対し、日本の鉄鋼メーカーは、2030年には二酸化炭素の排出量を現在の排出レベルに比べて30パーセント削減できる新製鉄技術の開発を目指し、新日鐵住金君津製鉄所にそのための試験高炉を建設する計画を進行中である（環境調和型製鉄プロセス技術開発）。この技術のポイントは、還元剤として「水素」を用いることでコークスの量を減らし、二酸化炭素の排出量を削減する、というものである。

　環境問題に対する取り組み事例として、新日鐵住金広畑製鉄所で行われている「廃タイヤのリサイクル」の事業がある。これは、全国で年間約100万トン発生する廃タイヤのうちおよそ12パーセントにあたる12万トンを原料・燃料としてリサイクルする、というものである。タイヤに含まれるスチールコードを鉄スクラップとして再資源化するとともに、ゴムなどの物質についても熱分解によって原料やエネルギーとして工場内で再利用し、100パーセントリサイクルの可能な技術を開発し、実用化している。

　生産する鉄鋼製品の機能や品質の高さはもちろんのこと、製鋼のプロセスにおける技術の厚みや蓄積こそが、日本の鉄鋼メーカーとしての競争力の源泉である。マーケットの構造が急速、かつグローバルに変化する状況の下、これに適切に対応しつつも、世界が求めるより高い製造技術にチャレンジし

続けることに、日本の鉄鋼業が今後進むべき方向が示されているものと考えられる。

4.3 機械工業
(1) 機械工業の特徴
　機械工業は、従業者数で製造業全体の 40.9 パーセント、製造品出荷額等で 43.1 パーセント、付加価値額で 43.1 パーセント（平成 24 年経済センサス－活動調査）を占める日本にとって重要な産業の一つである（図表 II-4-7）。

　現在の日本標準産業分類中分類において、機械工業は、はん用機械器具製造業、生産用機械器具製造業、業務用機械器具製造業、電子部品・デバイス・電子回路製造業、電気機械器具製造業、情報通信機械器具製造業、輸送用機械器具製造業の 7 つに分類される（なお、平成 19 年までは、一般機械器具製造業、電気機械器具製造業、情報通信機械器具製造業、電子部品・デバイス製造業、輸送用機械器具製造業、精密機械器具製造業の 6 分類であった）。国内で製造されている機械器具には農業用機械、繊維機械、建設機械など多種多様なものがあり、製造業はもちろんこと、製造業以外の産業の生産活動等に幅広く利用されている。また、上記の分類では複数にまたがる機械器具を一つの企業が製造しているケースも少なくない。

　そこで以下では、3 つの企業群（工作機械、電機、自動車）に特に注目し、それぞれの特徴や動向について述べていくこととする。

(2) 工作機械メーカーの特徴と動向
　工作機械とは、様々な製品や機械等を構成する部品を製造するための機械のことである。金属などの素材を削ったり、穴をあけたりすることにより、製品に必要とされる形状の部品等を製造する。日本工業規格(JIS)では、「主として金属の工作物を、切削、研削などによって、又は電気、その他のエネルギーを利用して不要な部分を取り除き、所要の形状に作り上げる機械。ただし、使用中機械を手で保持したり、マグネットスタンド等によって固定するものを除く。狭義であることを特に強調するときには、金属切削工作機械

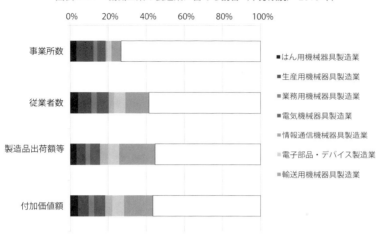

図表 II-4-7　機械工業の製造業に占める割合（中分類別／2010年）

（資料）経済産業省「工業統計（産業編）」

ということもある。」と定義されている。旋盤、フライス盤といった比較的小型の機械から、マシニングセンタなどと呼ばれる大型で複雑な機械までその種類は多様である。また、作業者が手動で操作する「汎用工作機械」とコンピューター等による数値制御により自動加工する「NC（numerical control）工作機械」とに分けられる。

工作機械は「機械を作る機械」という性格から、「マザーマシン（母なる機械）」とも呼ばれ、モノづくりにとって必要不可欠な機械である。そして同時に、工作機械によって精密で複雑な部品を正確かつ効率的に作ることができるかどうか、は、その国のモノづくりの競争力にも大きく影響する。日本がこれまでモノづくりの分野で国際競争力を保つことができた要因の一つには、国内工作機械メーカーの優秀さがあったといってよい。

戦後の日本のモノづくりを支えてきた工作機械であるが、最初から「日本製」の工作機械が優秀であったわけではない。高度経済成長期が終わる1970年ごろまでは、工作機械の純輸出比率はマイナスで推移していた。輸出が拡大してこれがプラスに転じるのは1970年代前半以降のことである。数値制御（numerical control：NC）化をいち早く導入したことが、日本の

図表 II-4-8 工作機械の純輸出比率（NER）

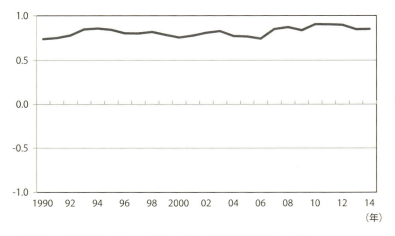

（資料）一般社団法人 日本工作機械工業会工作機械主要統計より作成

工作機械の競争力を強化した。その後、日本の工作機械の純輸出比率はプラス1に近い値で推移するなど、高い国際競争力を維持している（図表 II-4-8）。

それでは、日本の工作機械は、どのようにして競争力を獲得してきたのだろうか。これについては、1950 年代に実施された輸入補助金と試作補助金に注目する必要がある。1952 年度に「工作機械輸入補助金制度」が実施されている。これは、国内の工作機械メーカーなどに対して、工作機械の輸入代金の半額を補助することで、老朽化した設備の更新、近代化を促すためのものである。また、1953 年度から 1955 年度にかけて「工作機械試作補助金制度」が実施されている。これは、工作機械の試作機の販売予定価格の半額を補助し、優良な工作機械の試作と国産化を推進することを目的としたものであった。鉄鋼業のところでも記載したように、1950 年代以降に国の支援の下で行われた設備の近代化と国産能力の強化への取り組みは、国内メーカーによる自助努力もあって、その後の優秀な工作機械の製造能力の獲得と輸出の拡大、そして製造立国日本としてのモノづくりの優秀さと高い競争力を支える要因となったといえる。現在国内には、アマダ、ヤマザキマザック、ファナック、森精機製作所などの優れた工作機械メーカーが存在する。

第4章　伝統的産業の現状と方向性

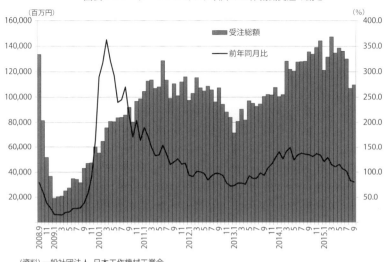

図表 II-4-9　リーマンショック以降の工作機械受注の動き

(資料) 一般社団法人　日本工作機械工業会

　一方、工作機械の受注動向は、景気の先行指標としての性格を有している。景気の回復・好転の予兆、すなわち需要が今後拡大するという見込みは、企業の生産能力拡大の準備としての工作機械の発注（工作機械メーカーにとっては受注）となって表れるからである。工作機械の受注と GDP の成長率を重ねてみると、これらの動きはかなりリンクしていることが分かる。

　なお図表 II-4-9 は、リーマンショック以降の工作機械受注の動きを見たものである。2008 年 9 月に発生したリーマンショックとその後の世界同時不況の影響を受けて、工作機械の受注は急速に落ち込み、2009 年 3 月には前年同月比 15 パーセントを割り込んだ。2008 年末から 2009 年半ばまでは前年同月比で 50 パーセントを割り込む水準まで受注が低迷していたが、同年半ば以降、外需を中心に受注は回復傾向をたどり、2011 年にはリーマンショック前の水準にまで戻っている。2012 年以降は、北米向け輸出が好調だったのに対し、中国や欧州向けが低迷したため、前年同月比マイナスで推移したものの、2013 年後半以降、特に 2014 年に入ってからは内需の回復や堅調な外需を反映して受注は大きく伸びている。

　なお、日本の工作機械は、2007 年には世界の生産額の 25 パーセントを

占めていたが、2010年には22パーセントに低下している。この原因は、中国における工作機械の生産拡大にある。中国の工作機械生産額は、その巨大なマーケットを背景として世界シェアを2007年の14パーセントから2010年の30パーセントへと拡大させ、世界のトップとなっている。ただし、現時点においては、工作機械生産における国別の位置づけには、その技術力を背景として大きな違いが存在する。すなわち、アメリカやドイツの工作機械は、宇宙や航空機などの分野で用いる超精密加工機、工作機械向けが供給の中心となっているのに対し、台湾や韓国、そして中国の工作機械は、自動車、家電、電気機器、一般部品向けが供給の中心になっている。日本は、宇宙や航空機、工作機械向けのものから自動車、家電、電気機器、一般部品向けのものまで、供給先は比較的幅広いが、高精度、複合加工・難削材加工といった分野では、自動車メーカーなどの顧客の厚い信頼とともに高い競争力を有している（内需のうち、一般機械、自動車が、それぞれ41パーセント、31パーセントを占める）。例えば、炭素繊維複合材料などの難削材の加工技術では、中国は日本に及ばない。

　中国における生産量の拡大によって日本の世界シェアは低下しているが、より高い製造技術を必要とし付加価値の高い分野でそのシェアを確保する戦略は、前述の鉄鋼業の場合と構造的には類似している。現時点では、中国と日本を含む先進国との技術的な格差は依然として存在するものの、欧米企業の買収などによって中国の技術レベルは向上してきており、近い将来、高付加価値の分野でも日本の強力なライバルとなる可能性はある。

　2013年の累計では、日本の工作機械受注の36パーセントが内需、64パーセントが外需となっており、海外の需要動向に大きく影響を受ける構造となっている。外需のうち、北米が36パーセント（アメリカが全体の31パーセント）、東アジアが26パーセント（中国が全体の22パーセント）を占めている。海外での需要の伸びに加え、国内製造業、特に主要顧客である自動車メーカーの海外生産の拡大に伴い、工作機械メーカーの海外進出も拡大しつつある。

（3）電機メーカーの特徴と動向

産業分類が1993年に改定されるまで「電気機械器具製造業」に分類されていた産業群には、総合電機メーカーと呼ばれる大手企業が含まれる。産業分類（中分類）自体は、その後の改定を経て、現在の「電子部品・デバイス・電子回路製造業」、「電気機械器具製造業」、「情報通信機械器具製造業」に細分化されたが、現状、これらを合計した産業の従業者数は112.5万人で製造業全体の14.4パーセント、製造品出荷額等は40兆円を超えて製造業全体の14.1パーセントを占める重要な産業となっている（平成24年経済センサス－活動調査）。総合電機メーカーと呼ばれる企業が製造する品目は幅広く多岐に亘り、現在の分類では複数にまたがっていることから、以下では、電機メーカー（特に、日立製作所、東芝、パナソニック、ソニー、富士通、NEC、三菱電機、シャープを電機大手8社と呼ぶ）の特徴とその動向について考察する。

電機メーカーは、それぞれ主力とする製品の特徴から、家電（または弱電）系と重電系とに分けられることがある。家電系メーカーとは、民生用、すなわち家庭・個人用に使用される電気、電子器具の製造に特徴を有する企業であり、重電系メーカーとは、産業用、特に電力業との関係が深く、発電機器や送配電機器、鉄道や電力を使用する社会インフラの製造に特徴を有する企業である。

これら電機メーカーは、日本経済の発展と国内外の需要の拡大により大きな成長を遂げてきた。特に、産業としてのウエイトが拡大をはじめるのは1970年代以降、国民所得が倍増して人々が暮らしの豊かさを追求する時期である。電気冷蔵庫や電気洗濯機、電気掃除機、さらにはカラーテレビといった家電製品、耐久消費財は1960年代から1970年代にかけて急速に普及し、1980年頃には普及率が90パーセントを超えている（図表II-4-10）。これら家電製品は、国内の旺盛な需要を賄うだけでなく、長らく日本の輸出、貿易黒字を支えるものとなった。1970年代後半にはアメリカへのカラーテレビの輸出が急増、1976年には296万台と史上最高を記録し貿易摩擦が発生したため、輸出自主制限（1977年から3年間、175万台）が行われている。しかし、その後の円高の進行や海外製品との価格競争が厳しくなりはじめると、海外生産の割合が拡大する。

図表 II-4-10　家電・耐久消費財の普及率の推移

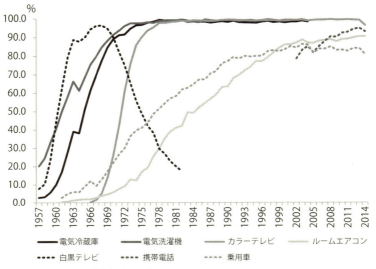

（資料）内閣府「消費動向調査」
（注）1977年までは2月、1978年からは3月

　1979年に発売が開始されたソニーのウォークマンのような革新的な商品の開発もあったが、新興国などの海外メーカーの生産技術が向上するにつれ、日本の家電製品、及び電機メーカーは、相対的にその競争力を失っていく。パーソナルコンピューターや薄型テレビなどの分野では、急速にコモディティ化が進んだため、海外のマーケットにおいて、日本製とほぼ同じ性能の商品がより安価に製造・販売されるようになり、また世界標準（グローバルスタンダード）を握った企業が世界のマーケットをコントロールするようになる。パーソナルコンピューターの分野では、その基本ソフトはマイクロソフトに支配され、ハードウェアの分野でも台湾や中国のメーカーの台頭が顕著である。このところ出荷数が拡大しているタブレット端末の分野においても、アメリカのアップル社や韓国、中国、台湾のメーカーが市場で大きなシェアを得ており、日本のメーカーの存在感は薄い。携帯電話の分野では、その開発競争があまりに日本国内に特化したものになり、世界標準に乗り遅れることになったため「ガラパゴス化」などと揶揄される事態となった。ま

た、薄型テレビの分野でも韓国メーカーによって急速に世界シェアを奪われた（サムスン電子とＬＧ電子が43パーセントを占める）結果、この分野で多額の投資を行ってきた日本の電機メーカー、特に、パナソニックやソニー、シャープなど家電に強みのあるメーカーは軒並み業績を大きく悪化させることになる[5]。これに対し、日立製作所や東芝、三菱電機など、重電分野（情報システムや鉄道、発電機器など）に特徴を有している企業は、いち早く家電分野の事業縮小や撤退を図り、社会、産業インフラの分野に注力したことが奏功、新興国などにおける社会、産業インフラ需要の盛り上がりを追い風として輸出を拡大し、好業績を記録している。

　ここ数年の電機メーカー各社の業績推移を見る限り、海外メーカーとの競合やマーケット構造の急激な変化への対応、個々の企業の経営戦略、等々の様々な要因が作用しあい、結果として企業間で大きな格差が発生した形となっている。しかし、業績が順調な重電系メーカーであっても、インフラ関連で先行する海外メーカー（例えば、アメリカのゼネラル・エレクトリック社など）との競争は厳しく、決して将来を楽観視できるものではない。また、薄型テレビで世界のシェアの半分近くを占める韓国メーカーでも、次世代モデルとして注力する有機ELテレビの開発では苦戦している、という現実がある。

　世界のマーケットの動きを詳細に把握・分析したうえで、迅速かつ適切なグローバル戦略を展開するという「経営の能力」と、次代のニーズを先取りする（あるいは創造する）商品開発を推進し、それを実現できる技術を蓄積するという「メーカーとしての能力」の両立を目指していくことが、日本の電機メーカーがこれからも世界の中で生き残るための重要なファクターであろう。

（4）自動車メーカーの特徴と動向

　自動車工業は、産業中分類では「輸送用機械器具製造業」に含まれる。この中の小分類である「自動車・同付属品製造業」の従業者数は78.6万人で製造業全体の10.1パーセント、製造品出荷額等は約44兆円で製造業全体の15.3パーセント（平成24年経済センサス－活動調査）を占め、現在の日本

図表 II-4-11　四輪車国内生産台数の推移

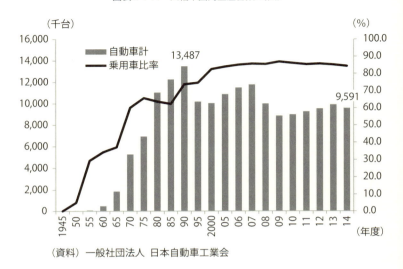

（資料）一般社団法人　日本自動車工業会

の製造業を支える重要な産業となっている。

　自動車は、2万〜3万点という多くの部品から組み立てられる。これら多数の部品を供給する産業があって、はじめて自動車工業は成り立ちうる。自動車のような加工組立型産業を支える産業群という意味で、これらを「サポーティング・インダストリー」、または「裾野産業」と呼ぶことがある。自動車のような完成品を山の頂点に見立て、その裾野に部品を供給するメーカーが連なり広がっている、というイメージである。自動車工業の特徴として、多くのサポーティング・インダストリーを抱えている点を指摘することができる。そして、これまでに日本製の自動車が獲得してきた高い評判や顧客からの信頼は、こうした部品メーカーにおける製造品質の高さ、すなわち、日本のモノづくりの優秀さが支えてきたのである。

　現在、日本で生産されている自動車は、およそ959.1万台（乗用車と商用車の合計：2014年度）である。国内生産台数は1970年代から増加をはじめ、1980年代には一千万台を超えて一時は世界一となったが、日米自動車貿易摩擦やプラザ合意以降の円高の影響もあってその後は一千万台前後で推移している（図表II-4-11）。国内生産959.1万台のうち、46.8パーセントに当た

第4章　伝統的産業の現状と方向性

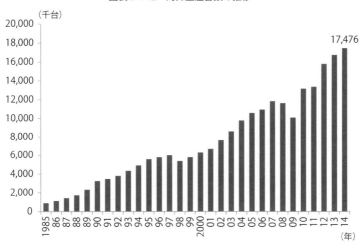

図表 II-4-12　海外生産台数の推移

（資料）一般社団法人 日本自動車工業会

る 449.1 万台が海外に輸出されている。主な輸出先は、アメリカが 154.6 万台（輸出全体の 34.4 パーセント）で最も多く、北米全体では 167.2 万台（同 37.2 パーセント）となっている。これに次いで、欧州（73.5 万台、同 16.4 パーセント）、アジア（55.2 万台、同 12.3 パーセント）などとなっている。2008 年度との比較では、北米向けの割合が輸出全体の 3.5 パーセント、アジア向けが 4.4 パーセント増加しているのに対して、欧州向けは 7 パーセント減少している。

一方、海外生産は 2014 年には 1,747.6 万台とすでに国内生産台数を大きく上回っている（図表 II-4-12）。海外生産は、日米自動車摩擦や円高の影響が顕在化した 1980 年代以降増加し、1985 年との比較では 20 倍近くにまで拡大している。その主な生産地はアジアで 911.3 万台（海外生産全体の 52.1 パーセント）と最も多く、これに次いで多いのが北米（478.6 万台、同 27.4 パーセント）である。2008 年との比較では、アジアでの生産の割合が 10.3 パーセントも増加しているのに対し、欧州が 6.6 パーセント、北米が 3.3 パーセントとそれぞれ減少している。

自動車工業は、現在でこそ日本経済を支えるリーディング産業であるが、

戦後の自動車工業は、アメリカや欧州のそれと比較して競争力に乏しい産業であった。終戦の年の 1945 年、「製造工業操業に関する覚え書き」により、乗用車の生産は GHQ によって禁止され、トラックの月産 1,500 台のみが認められていた。その後、小型乗用車の生産も許可されていくが、日本メーカーの生産能力はこれに追いつかず、生産台数は伸びなかった。1950 年には 3.2 万台に満たず、1955 年でも 7 万台にも達していない。

　この時期、朝鮮特需の影響もあって繊維製品や鉄鋼の輸出が拡大しており、日本は輸出競争力のある産業にこそ限られた資源を投入すべきであって、競争力のない自動車工業は日本には不要で、必要な自動車は輸入に頼るべきである、という「自動車工業不要論[6]」を主張するものがあった。当時の一万田尚登日銀総裁もこうした主張を展開している。実際のところ、当時の国産乗用車、トラックは、性能、価格ともに輸入車に遠く及ばない状況であり、「自動車工業不要論」にも一定の根拠があったのである。

　その後の歴史が示すように、こうした主張は日本で採りあげられることはなかったが、当時の通商産業省は、1957 年の「産業合理化白書」のなかで、国産自動車の性能の向上、価格の低下に向け、国内の自動車工業のさらなる合理化の必要性を述べている。国際競争力強化の方針は、その後の「特定産業振興臨時措置法案（特振法）」となって現れる。この法律の目的は、「貿易の自由化などにより経済事情が変化しつつある事態にかんがみ、産業構造の高度化を促進するためその国際競争力を培養する必要がある産業の措置を講ずることにより、その振興を図り、もって国民経済の健全な発展に寄与すること」だとされ、自動車製造業を含むいくつかの製造業が候補とされた。そして、その具体的なアクションが、「自動車工業 3 グループ化構想」である。1963 年以降の生産体制を 3 つのグループ（①量産車グループ、②スポーツカー、高級車グループ、③軽乗用車グループ）に分けたうえで、量産体制を確立するために提携・合併などを促進し、国際競争力の強化を図るという考え方である。

　こうした政府、通商産業省の考え方に対して、国内自動車メーカー各社は、自らの努力によって競争力を強化する方向で動き始める。具体的には、専門工場の拡張、価格の値下げ、モデルチェンジの実施などにより国産車の性能

改善に取り組んだ。また、本田技研工業（ホンダ）の創業者である本田宗一郎氏が、自由な企業活動を国が制限するような特振法に対して強硬に反対した話は有名である[7]。国内自動車メーカーの競争力強化に向けた努力により完成自動車の輸入自由化が実現の方向で動き出したことや、業界のほかにも政治や行政内部にこれに反対する勢力がいたこともあって、特振法はその後廃案となった。

　1960年代には、自動車業界では、量産体制の構築、国際競争力の強化が進められる一方、池田内閣による経済拡大政策の実行（所得倍増計画）、東京オリンピックの開催とそれに伴う道路等のインフラ整備などが並行して進んだ。これにより、マイカーブームが起こり、モータリゼーションが進展した。自動車生産台数は、1960年度には48万台であったものが、1965年度には188万台に、そしてさらに1970年度には529万台へと急速に拡大する。1970年代に入っても国内の自動車生産は拡大を続ける。1970年代には2度の石油ショックが発生してガソリン価格が上昇、消費者の小型車へのニーズが高まった。日本の自動車産業は小型化や燃費向上に注力したのに対し、アメリカの自動車産業は、依然として大型化、高級化路線にこだわり続けた結果、日本車に対する需要はますます高まることとなった。特に、アメリカ向けの乗用車の輸出は、1975年度の87.5万台から1980年度には180万台へと大幅に拡大している。なお、1980年には、日本の四輪車生産は1,000万台を超えて世界一になっている。

　こうした輸出の急拡大は、アメリカの自動車業界に大きなダメージを及ぼすことになる。1980年当時のアメリカの自動車産業労働者の失業率は30パーセントに達するほど悪化し、アメリカの自動車メーカーと全米自動車労働組合（UAW）は米国国際貿易委員会（ITC）に輸入規制を訴えた。しかしこれが却下されたため、アメリカ政府は日本政府と交渉の結果、最終的には日本が自ら輸出を制限し（輸出自主規制）、アメリカの自動車メーカーに再建のための時間的猶予を与える、という形で決着を見ることになる。輸出自主規制の内容は、日本からの輸出を1981年度以降の3年間にわたり168万台に制限する、というものであった。1984年度には同措置を1年間延長する代わりに、輸出枠が185万台に拡大された。1985年度から1991年度

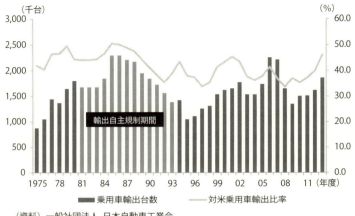

図表 II-4-13　アメリカ向け乗用車輸出台数と対米輸出比率

(資料) 一般社団法人 日本自動車工業会

については日本の自主的判断に基づき230万台を超えない範囲で輸出自主規制が継続される。1992年度から1993年度については165万台とされたが、1994年度に撤廃された（図表II-4-13）。

　輸出自主規制が撤廃されるに至った原因として、この期間中に、日本メーカーによるアメリカなど海外での生産活動が拡大したことがある。1982年11月よりホンダはオハイオ州で生産を開始し、トヨタ自動車（トヨタ）や日産自動車（日産）もこれに続いた。1985年のプラザ合意後の急激な円高もこれを後押しした。輸出自主規制が撤廃された1994年度のアメリカ向け乗用車輸出台数は142万台であるのに対し、アメリカでの現地生産台数は198万台にも達している。現地生産、海外生産が拡大したことで日本からの輸出は減少し、規制の意味が失われたのである。

　近年の海外生産は、グローバル戦略の推進、為替の変動リスクの回避といった目的からさらに拡大し、世界の輸出拠点としての位置づけが進んでいる。例えば、低価格のコンパクトカーに関しては、日産がタイやメキシコでマーチの量産体制を構築し、海外マーケットへの輸出拠点と位置づけている。また三菱自動車も、タイでのミラージュの生産を開始し、日本国内向けにとどまらず、アセアン諸国、欧米、オーストラリアなどへの輸出拠点として位置づけている。

図表 II-4-14 自動車大手 7 社の最終損益の推移

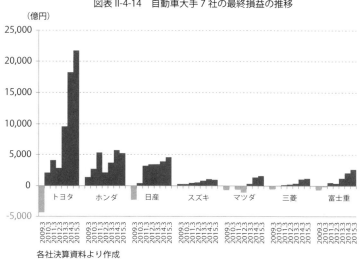

各社決算資料より作成

　このところの日本の自動車メーカーの業績は良好に推移している（図表II-4-14）。2014年3月期の決算では、自動車大手7社（トヨタ、ホンダ、日産、スズキ、マツダ、富士重工業、三菱自動車）のうち、トヨタ自動車、スズキ、マツダ、富士重工業、三菱自動車の5社が最高益を記録し、利益額の合計では、リーマンショックによる世界金融危機前の2008年3月期の水準を上回った。2015年3月の決算では、トヨタ、マツダ、三菱自動車、富士重工業が最高益を更新している。この背景には、世界金融危機以降に取り組んできた構造改革が効果をあげたこと、円高であった為替相場が是正され円安効果によって海外での販売が好調であったこと、などがある。リーマンショック発生後の2009年3月期の決算では、自動車大手7社のうち、ホンダとスズキを除く5社が最終赤字に転落、トヨタは4,369億円もの赤字を計上した。これを受けて、自動車各社は、生産ラインの短縮や部品調達コストの低減、販売力の強化、技術の革新等の経営改革に地道に取り組んできたが、その効果が出てきている。

　しかし、自動車工業を取り巻く状況は、今後も大きく変化していくものと考えられる。国内のマーケットが成熟期を迎え、若年層のクルマ離れも指摘

される中、今後の成長の柱は、拡大する新興国など海外のマーケットに求めることになるが、それは一方で、当該国のメーカーや先行するライバルメーカー等との間で新たな競合を生むことになる。日本の自動車工業が新たなマーケットで成功するためには、現地のニーズや消費者の嗜好を把握し、これを的確に反映したモノづくりとマーケット戦略が求められる。

さらに、排ガス抑制、燃費向上、軽量化、小型化といった環境面からの要求も、今後ますます大きくなってくるものと予想される。既に、燃費性能の良いガソリンエンジンの開発や炭素繊維などの軽量素材の自動車部品への利用拡大のほか、ハイブリッド車、電気自動車の実用化や普及促進などが進められているが、究極のエコカーといわれる燃料電池車の開発と実用化も重要である。

日本の自動車工業が今後も世界の中でその競争力を維持していくためには、海外のマーケットで勝つための「現地化」の促進と、国際社会から求められる「環境」への対応が必須の条件であると考えられる。加えて、これからの社会がクルマに求めるニーズの取り込みも重要である。例えば、事故を未然に防止する機能や自動運転などといった技術の開発が進められているが、これらの実用化には、情報通信技術やセンシング技術等といった、これまでのクルマづくりとは異なる技術分野との連携・融合が重要となる。原動機がガソリンエンジンからモーター等へと移行すれば、これまで蓄積してきた技術とは別の分野の技術が必要になってくる。また、「クルマ」単体としての技術開発はもちろんであるが、社会システムの変革も必要となってくる。例えば、電気自動車や燃料電池車の普及には、電気スタンドや水素ステーションなどの設置とネットワークの構築が必要であり、事故防止や自動運転の実現には、高速情報通信ネットワークの整備が不可欠である。電気自動車の普及には、エコシティ、スマートコミュニティなどと呼ばれる再生可能エネルギーを活用したエネルギー循環型のまちづくり、社会の実現等と連動することも有効な手段である。

日本の自動車工業は、モータリゼーションの拡大とともに発展し、日本の産業社会の構造をも大きく変化させてきた。日本はもとより、世界のマーケットが変化し、クルマに対する社会のニーズが変化していく中で、今後は、新

たな社会の実現やシステム構築などと連動した技術開発や、多様化する世界の需要に適切・迅速・柔軟に対応したクルマづくりが求められている。

4.4 サービス産業
（1）第三次産業（サービス産業）の動向

　農林水産業、製造業などを除いた第三次産業は、今や日本のGDPの4分の3を占める産業群である。第三次産業の就業者数は戦後急速に増大し、現在では全体の7割を占めるまでになっている。第三次産業に分類される産業群が提供する事業・サービスは極めて多岐に亘っており、それぞれが日本の経済活動や国民生活にとって重要な付加価値を提供している（図表II-4-15）。そこで以下では、第三次産業全体としての動向や課題について概観する。

　第三次産業の事業所数をみると、最近では医療・福祉関係の事業所を除いて多くの産業で減少する傾向が見られる。その原因としては、バブル経済の崩壊以降、日本経済が長期の停滞期に入って需要が低迷、デフレ経済により消費が伸び悩み、国内需要が縮小していることがある。また、国内だけでなく海外のビジネスやサービスとの競合が厳しくなっていること、経営者の高齢化や後継者不足などを原因として、小規模・零細企業を中心に廃業する事業所が増えていること、情報技術の進歩等により消費形態に大きな構造変化が生じていること（例えば、店頭販売が減少してネット販売が増加していること）、などが考えられる。

　第三次産業のうち、特に卸・小売業や飲食業、娯楽や医療・福祉等といったサービス産業は労働集約型産業としての特徴を有している。労働集約型という特徴から、これらの産業が拡大するプロセスにおいては、多くの雇用がサービス業に吸収されてきた。卸売業、小売業、及び宿泊業、飲食サービス業は、第三次産業の事業所数全体のそれぞれ32パーセント、16パーセントと大きなウエイトを占めているが、これらの産業の事業所数はここ最近減少する傾向にある。その一方、医療、福祉関連の事業所数は全体の8パーセントにとどまるが、高齢化の進行による当該サービスへの需要の高まりを背景に増加している。

図表 II-4-15　第三次産業の分類と代表的な業種例

電気・ガス・熱供給・水道業	エネルギー
情報通信業	通信業、放送業、情報サービス、新聞・出版、インターネット付随サービス
運輸業、郵便業	鉄道、バス、航空、海運、貨物輸送、倉庫、郵便業
卸売業、小売業	各種卸売業、小売業
金融業、保険業	銀行、生保、損保
不動産業、物品賃貸業	不動産取引、不動産賃貸・管理、物品賃貸業
学術研究、専門・技術サービス業	学術研究機関、専門サービス業、広告業
宿泊業、飲食サービス業	旅館・ホテル、飲食店
生活関連サービス業、娯楽業	洗濯、理容・美容、旅行業、映画館、スポーツ施設
教育、学習支援業	各種学校、学習支援
医療、福祉	医療業、福祉・介護事業
複合サービス事業	郵便局、協同組合
サービス業(他に分類不可)	廃棄物処理、修理、職業紹介、政治・文化・経済団体、宗教
公務（他に分類されるものを除く）	国家公務、地方公務

（2）第三次産業（サービス産業）の課題
・ビジネスモデルの転換、再構築

　少子高齢化やグローバリゼーションなどの構造変化は、前述した製造業だけでなく、第三次産業に分類される各種サービス関連の産業にも構造的な変化を迫っている。すなわち、それぞれのマーケットにおける需要に量的な変化、質的な変化が生じていることを踏まえ、将来を展望したビジネスモデルへの転換、もしくは再構築ができるかどうか、が生き残りのための重要なカギとなっている。ビジネスモデルの転換、再構築にあたっては、まず、人口減少、少子高齢化、グローバリゼーションといった構造変化にどう適合するか、の見極めが重要である。さらに、消費者の購買行動の変化や嗜好の多様化などに伴うサービスの価格や内容、品質等への対応や、海外企業との競争を意識した生産性の向上等が重要である。

　顧客の求めるサービスの内容や水準は時代とともに変化し、個人や世帯の属性やライフステージなど様々な要素によっても異なるため、サービスの提供によって満足を獲得するポイントも多様化している。その一方で、外国資本の参入等によって顧客の選択肢は拡大している。マーケットにおける需給

の構造が複雑化し、顧客ニーズが細分化する中、顧客ニーズの詳細な分析とともに、自社のサービスの特徴や競争力を踏まえたマーケットにおけるポジショニングを行い、これを踏まえた成長戦略の立案とその実践が重要である。

またこのところ、日本のサービス業が海外に進出する動きが活発化している。日本では見慣れたサービス、ビジネスモデルが、海外のマーケットにおいては新鮮で、高い評価を受けているものもある。しかし、日本で成功したビジネスモデルをそのまま輸出しても受け入れられないケースや、文化や商習慣などといった現地に固有の課題がその成長を阻害している事例もある。例えば、セルフうどん店「丸亀製麺」を全国展開する㈱トリドール（神戸市）は、ハワイを手始めに、中国やタイ、香港、ロシア、インドネシアなど海外出店を進めつつあるが、同じ飲食業で「餃子の王将」を展開する㈱王将フードサービス（京都市）は、中国での事業から撤退する。日本のメニューを味付けもそのままに提供したが、本場・中国では「水餃子」が一般的なため、日本で主力の「焼き餃子」が中国の消費者に受け入れられなかったこと、また餃子をライスやラーメン等と一緒に食べる文化がなかったこと、などがその主な原因とされる。現地消費者の嗜好や食習慣などに関する十分な調査を行い、その結果によっては、サービス内容の変更、ビジネスモデルの転換を検討する必要があるかもしれない。

・**内需の拡大**

海外に進出するサービス業が増えてきているとはいえ、サービス産業の主たる顧客は日本国内に居住している。そのため、サービス産業が発展するための要件として、国内需要が拡大することが不可欠である。今後の高齢化の進行や女性の社会進出の拡大を踏まえると、「医療・福祉」に分類されるサービスへの需要が確実に増大するものと考えられる。この分類には、病院などの医療サービスのほか、児童保育や介護サービスを提供する社会保険・社会福祉・介護事業などが含まれる。

また、ビジネスが高度化・複雑化し、グローバリゼーションの進行等により国際的な視点での事業戦略の構築や難しい経営判断が求められるようになると、大手はもちろん中小の事業所においても様々な専門的なサービスを提

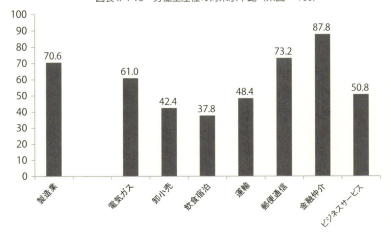

図表 II-4-16　労働生産性の対米水準比（米国＝100）

（資料）公益財団法人　日本生産性本部「労働生産性の国際比較2010年版」

供する「専門・技術サービス業」への需要が大きくなると思われる。この分類には、法律、財務、会計などに対する専門サービスや、デザイン・広告、経営戦略などに対する専門的な知識サービス、専門的な技術サービスなどが含まれる。さらに、日常生活の質を高め、心身のリラックス、リフレッシュを促し、労働環境の改善・向上をサポートする「生活関連サービス業」への需要も高まると予想される。この分類には、理容・美容業や家事サービス、旅行業などが含まれる。

・人材需給のミスマッチ解消

　生活関連、保育、介護などのサービスの充実を図り、産業としての成長を図ることは、女性の社会進出を促進するうえでも大変重要である。しかし、これらの分野においては人材の需給にミスマッチが生じている。すなわち、その労働環境や雇用条件の過酷さ等を理由として介護人材や保育士などの離職率が高く、人材の供給不足が顕在化しているのである。これら需要の拡大が見込まれる分野の人材を中長期的にどのように育成し、能力開発を促し、その量と質を確保していくか、は重要な課題となっている。

・生産性・品質の維持・向上

　サービス産業の課題として、生産性の向上もその一つとして指摘することができる。公益財団法人日本生産性本部の調査「労働生産性の国際比較2010年版」によると、アメリカの水準を100としたときの卸小売業の労働生産性は42.4、飲食宿泊は37.8と低く、他のサービス産業などと比べても低い（図表 II-4-16）。日本におけるサービスの品質、例えば、接客時における細かな心遣いや笑顔などの「おもてなし」の部分を貨幣価値に置き換えることは容易ではないが、製造業などと比較して機械化、情報化などの部分で遅れがあることは事実であり、サービスの品質は維持しながらも生産性をさらに改善する余地は十分にある。

4.5　農業
（1）農業の動向
・農業のウエイト

　農業を含む第一次産業は、戦後しばらくは日本経済の中で大きなウエイトを占めていた。第一次産業の就業者数は1953年には1,559万人で、第二次産業の952万人、第三次産業の1,402万人をともに上回り、全体の39.8パーセントに達している。しかし、1950年代、1960年代に工業化が急速に進展し、農村から都市への人口移動が急増したこともあり、そのウエイトは大きく低下した。2013年の第一次産業の就業者数は233万人、就業者全体の3.7パーセントにまで縮小しており、GDPに占める第一次産業の割合は、2012年の時点で1.2パーセント、農業のみでは1.0パーセントにまで低下している。

・農業の持つ多様な役割

　農業の産業としてのウエイトは確かに縮小しているが、農業、あるいは農村が持つ役割は多岐に亘る。その一つは、日本人の食料を供給する役割である。確かに、多くの食料、食材が海外から輸入されているのが現状であるが、日本人の食料すべてを海外に依存することには大きなリスクが伴う。輸入先の国・地域において何らかの紛争が発生したり、自然災害や地球温暖化の影響等で作物が不作となった場合には、価格が高騰したり、輸入がストップし

たりするリスクが排除できない。また、農業／農村は、日本らしい景観の保全にも役立っている。豊かなみのり、めぐみを期待させる田畑や里山などと一体となった農村の風景は、自然の豊かさを内外の人々に印象付けるものであり、日本人の「原風景」ともいえるものである。さらに、田畑には多様な生物が生息するため、豊かな生態系の維持にも大きな役割を果たしている。これらの他にも、地下水を涵養する役割、防災の観点からは、洪水や土砂崩壊、土壌の流出を防止する役割などを担っている。

・農業を取り巻く状況

　日本の農業には様々な役割があるが、産業としての農業を取り巻く状況には大変厳しいものがある。海外においては、新興国などの経済発展とこれに伴う人口の増大によって、農産物等食料への需要が高まっている。その一方で、地球温暖化等の影響で干ばつや洪水などの自然災害が拡大しており、世界の農産物の生産における不安定要素が増大している。一方、国内においては、人口の減少・高齢化によって農産物への需要は減少する傾向にある。また、戦後の経済発展の過程で工業化、サービス経済化が進み、農業の担い手は大きく減少している。戦後の日本人の食生活が欧米化したことで、国内の主要な農産物であるコメなどの消費量も減少している。こうした変化は、農業生産、農業就業者の減少にさらに拍車をかけ、食料自給率の低下を招いている。1965年時点での食料自給率は、73パーセント（カロリーベース）であったが、その後次第に低下し、2014年の時点では39パーセントとなっている（図表II-4-17）。同じ先進国であるアメリカやフランスは120パーセントを超え、ドイツでも90パーセントを超えている状況と比較すると、日本の食料自給率の低さが際立っている。また、FTAやEPAなどの貿易自由化の動きは世界的に拡大している。これらの動きは、日本の農業にとっても大きな影響を及ぼすものであり、FTAやEPAなどの進捗次第では、今後、海外の農産品との競争がより激しくなることが予想される。

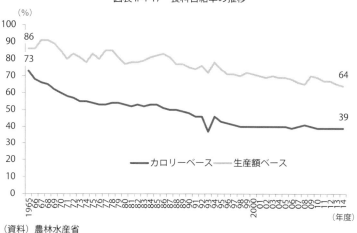

図表 II-4-17　食料自給率の推移

(資料) 農林水産省

(2) 農業の課題

農業従事者の減少、農産物に対する需要の減少といった構造的変化に加えて、海外との競合が今後より厳しくなることが予想されているが、このような状況の中で、日本の農業は次のような課題を抱えている。

・生産性の向上、付加価値・競争力強化

その一つは「生産性の向上」、並びに「付加価値・競争力強化」である。これまで日本の農業は、政策によって海外産品との競合から保護されてきた。コメなどはその代表的なものである。国内で生産した農産物が外国産のものより高くなったとしても、関税などの保護政策によってマーケットで直接競合するケースはこれまで少なかった。特に、コメについては高値で買い取ってもらえるために、農家にはコストを削減して生産性を向上させよう、といった動機に欠けていた。指示されるままにコメを作っていればよかったのである。

高コストのコメや米作農家を守るためには、高関税によって米価を維持する必要があるが、高関税で維持された高いコメは、さらに消費者のコメ離れ

を招き、コメ余りを加速する。コメが余ることで減反等の生産調整が行われるが、自由にコメを作れない農家は生産コスト抑制の意欲を失う。高コスト構造が維持されたまま、コメ農家が衰退する、といった悪循環に陥ってしまうのである。

しかし、海外から農産物の自由化を迫られている状況においては、これまでの保護された農業から脱却し、国際競争力の強化に向けて早急に取り組む必要がある。生産プロセスの見直しや耕作地の大規模化、省力化等によってコストを削減し生産性の改善を図る一方、国内はもとより、海外の消費者にも認められるような付加価値の創出を追求し、その実現を図っていくことが重要である。付加価値としては、味や形、色などに加えて、安全性や品揃えなどが重要視される。

農業の生産性を向上させ、農産物の付加価値を高めることは、海外の農産物から日本の農業、農産物を守る、ということだけでなく、国内の新たな需要を掘り起こし、農産物のマーケットそのものを大きくすることにもつながる。またそれは、海外の需要をも喚起し輸出拡大の可能性を高めるものである。実際、日本の農水産物の輸出額は、2000年から2010年の間に3,070億円から4,814億円へと拡大している。その増加額の9割がアジア向けとなっており、香港・中国で6割を占めるが、タイやベトナムの伸びも大きい。生産コストや輸送コスト、さらには円高の影響で海外のものより割高ではあるものの、味がよい、農薬の使用や施肥等、生産工程での管理が行き届いていて「安全」である、「色や形」が美しい、といった点が評価され、高所得層を中心に一定の需要がある。

輸出を拡大するにあたっては、海外マーケットに関する調査や分析など事前の準備が必要なことは言うまでもないが、海外での地域産品フェアを開催するなどにより地元の消費者や流通業者の理解を促進するとともに、農家と輸出業者とのマッチングやブランド化のための戦略、さらに、国内の産地が連携することによる品揃えの強化、などに取り組んでいく必要がある。

・**次世代農業への転換**

日本の農業を維持・発展させるためには、国際競争力ある持続可能な農業

への転換が必要である。そのための取り組みとして注目されているのが、「農商工連携」や「6次産業化」である。

　農商工連携とは、農林漁業者と商工業者等とが通常の商取引関係を超えて協力・協働し、お互いの経営資源を活かしつつ、新商品・新サービスの開発、生産を実施することで新たな需要を開拓する取り組みである。この推進のため、国では「農商工等連携促進法」を制定、国が「農商工連携」の事業計画を認定したものについては、事業の実施において様々なサポートを提供している。具体的なメリットとしては、販路開拓へのアドバイスなど専門家によるサポートや市場調査費等に対する補助金、融資や信用保証の特例などがある。農商工連携の事例は、経済産業省の「農商工連携88選」等に詳しいが、ここでは、兵庫県たつの市のヒガシマル醤油㈱の「地域プレミアム食品の開発をめざした地元産完熟小麦の栽培」を紹介する。ヒガシマル醤油㈱は、地域農業の振興のため、地元のJAなどと連携しながら、地場産小麦を使用した醤油「龍野乃刻」の商品開発に取り組んだ。その結果、2003年時点で地域における完熟小麦栽培は、面積で15ha、収穫量で50トンであったものが、2007年には500ha、1,500トンまで拡大した。これによって「龍野乃刻」に加えて、淡口醤油への使用量も飛躍的に伸び、農業側はもちろんのこと、商工側にも大きな経済効果が生まれている。

　また、京都府城陽市では、地域固有の梅の品種である「城州白」を使用した梅酒「青谷の梅」の開発に取り組み、地域の活性化に貢献している。城陽酒造㈱は、地元のJA京都やましろ城陽支店等と連携して原料の安定供給を図るとともに、JA京都やましろ城陽支店は、城陽酒造㈱の買い入れ希望数量に基づいて栽培農家に出荷量を指示、栽培指導を行うなどの取り組みの結果、平成12年には1,500万円だった売上が、平成18年には10倍の1億5,000万円にまで拡大した[8]。

　6次産業化とは、農業のような第一次産業に、第二次産業、第三次産業の要素を加えた新しい産業の形態を目指すものである。第一次産業の「1」、第二次産業の「2」、第三次産業の「3」を「掛け算」すると「6」になるので、第六次産業と呼ばれている[9]。一つの事業体（農業法人）が農産物の生産機能（第一次産業）のみにとどまらず、その商品加工機能（第二次産業）、

さらには販売・流通機能（第三次産業）までを抱えることになる。これにより農業法人とっては、収入の安定化、他の農産品等との差別化、流通コストの削減などのメリットがある。生キャラメルで有名になった㈱花畑牧場も6次産業化の事例の一つである。酪農（第一次産業）で生産された牛乳をチーズや生キャラメルに加工（第二次産業）し、直営店等での販売（第三次産業）を拡大して成功した。また近年では、植物工場での野菜の生産・販売等への異業種からの参入や、有機肥料・バイオマスの活用など、農業分野における新たな取り組みも拡大してきている。政府は「日本再興戦略」を受けて2013年12月10日に決定された「農林水産業・地域の活力創造プラン[10]」において「6次産業化等の推進」を掲げ、農林漁業者や食品企業など多様な事業者の6次産業化に向けた取り組みを積極的に支援することで「2020年までに6次産業化の市場規模を現在の10倍に相当する10兆円規模に増加させる」ことを目標にしている。

　広大な農地が（北海道の一部を除いて）確保しにくい日本においては、農地を大規模化することには限界があり、アメリカのような生産性を追求するタイプの農業を展開することは困難である。しかし、細分化された農地を一定程度集約することでも生産性を向上させる（生産コストを削減する）ことは可能である。例えば、作付面積別のコメの生産コストは、0.5ヘクタール未満の場合と5ヘクタール以上の場合とでは2倍以上の開きがある[11]。また、品質や安全性等の分野における日本農業の特長と、モノづくり分野において長年培ってきた高度な技術やノウハウを活用し、農商工連携や6次産業化など経済性や付加価値向上に向けた取り組みを推進することで日本の農業を魅力ある産業とすることは決して不可能なことではない。

　農業が魅力的な産業となるためには、これまで農業保護の観点から設けられてきた諸規制を見直し、ビジネスマインドを持った人材・企業が農業分野に新たに参入しやすくするための措置が必要である。現在、政府の進める成長戦略の一環として、兵庫県の養父市が新潟市とともに「農業特区」に指定された。養父市は高齢化の進む過疎の町であり、農業の担い手の高齢化や、耕作放棄地の拡大などが課題となっている。本特区では、農地の売買や賃貸借の認可業務をこれまでの農業委員会から市に移管することや、農業生産法

人における農業従事者の役員数を一人以上でよいとする（これまでは過半数）規制緩和を実現することにより、農業への参入を活発化することで、耕作放棄地の解消、地域産業の活性化と雇用の拡大を目指している。

　優秀な人材や企業による投資を農業の分野に呼び込むことができれば、外国産品との差別化が可能な農産品を生産することや、海外マーケットにも販路を拡大できる経営力を付けること、など競争力のある次世代農業への転換は十分可能である。農業の振興は、人口減少や過疎問題に苦しむ地方の活性化、地域再生に貢献するものと期待される。現在、政府は農業輸出を2020年までに現在の2倍にあたる1兆円とし、さらに2030年までに5兆円とする目標を掲げている。このような高い目標を達成するためには、これまで保護の対象とされ閉鎖的であった農業から攻めの農業へと戦略を大きく転換する必要がある。農商工連携や6次産業化の推進、規制緩和などにより、同分野に人材や企業、知恵や資本が流入しやすいオープンなしくみを整えることが、次世代農業への転換を促すうえで、大変重要である。

注
1) 東レは、ボーイング社に対して2006年より炭素繊維の供給を開始し、中型機「787」の機体に採用されているが、さらに同社との間で1兆円分の長期供給契約を締結、次期大型機である「777X」の主翼に採用されることになっている。
2) 今治タオルのロゴマークは、国内でも最近よく目にするようになった。しかし、その一方で中国企業がこれに酷似したロゴマークを申請、また「今治」を無断で商標登録するなど、中国でのビジネス展開を阻害する要因となっている。
3) 山崎豊子の小説「華麗なる一族」では、1960年代の神戸が舞台となっており、万俵財閥の中核企業として鉄鋼企業（阪神特殊鋼）が登場する。
4) 2006年に、ミタル・スチールはアルセロール社に対して敵対的買収を行っ

た。それまでは低価格の汎用鋼材を主力とする企業であったが、アルセロール社の買収により特殊鋼にも強みのある世界一の巨大鉄鋼メーカー、アルセロール・ミタルが誕生する。こうした事態に、新日鐵としても住友金属などとの業務・資本提携など敵対的買収からの防衛手段を検討せざるを得なくなった。

5）例えば、パナソニックやシャープは巨額の資金を投じて、尼崎市や堺市など関西の臨海地区などに大型のプラズマディスプレイパネル、液晶ディスプレイパネルの製造工場を建設したが、韓国メーカーに市場を奪われたことにより、大幅な規模の縮小、閉鎖・撤退を余儀なくされる。臨海地区（ベイエリア）へのパネル製造拠点の集積は「パネルベイ」と呼ばれ、低迷する関西経済活性化の起爆剤として期待されていた。

6）自動車工業育成不要論、乗用車工業不要論などともいう。1953年の国産車の生産台数8,789台に対し、輸入車は譲り受け中古車を含め18,637台であり、乗用車の輸入車比率は68％に達していた。

7）特振法をめぐって通商産業省の佐橋滋企業局長と本田宗一郎氏とが対立した話は有名である。「特振法とは何事だ。おれにはやる権利がある。既存のメーカーだけで自動車をつくって、われわれがやってはいけない法律をつくるとは何事だ。自由である。大きなものを永久に大きいと誰が断言できる。歴史を見なさい。新興勢力が伸びるに決まっている。そんなに合同（合併）させたかったら、通産省が株主になって、株主総会でものを言え、と怒ったのです。うちは株主の会社であり、政府の命令で、おれは動かない」(「本田宗一郎 夢を力に－私の履歴書」日本経済新聞社)。なお、佐橋企業局長は、城山三郎の小説「官僚たちの夏」のモデルとされている。

8）農商工連携の成功事例ではあるものの、ここ最近は、梅酒ブームが一段落したこともあって、城陽酒造㈱は農家からの入荷量を減らさざるを得ない状況にある。そのため、梅が余る事態となっており、販路の拡大や用途の拡大などが喫緊の課題となっている。農商工連携によってもたらされた売上や生産量の拡大などの効果を今後も維持していくことは容易なことではない。継続的な創意と工夫が求められる。

9）第一次産業の「1」、第二次産業の「2」、第三次産業の「3」を「足し算」すると「6」になるので第六次産業と呼ばれるようになったが、この造語の提唱者である今村奈良臣東京大学名誉教授は、第六次産業は第一次産業の「1」がなければ成り立たず、また単なる足し算ではなく第二次産業、第三次産業との有機的な結合が必要であるとの観点から1×2×3の「掛け算」であると再提唱している。
10）2014年6月24日に改訂されている。6次産業化に必要となる資金需要に対する各種融資制度や経営支援サービスの提供等を通じて、6次産業化のさらなる促進を目指すもの。
11）藤波匠 [2010].「わが国農業の再生に向けて－大量離農を好機と捉えたコメ政策の転換を－『Business & Economic Review』2010年12月、日本総合研究所

第Ⅲ部　新たな産業の発展

第5章　産業創出をめぐる動き
5.1　産業創出の要因・背景

　新たに産業が創出される際の要因やきっかけとして考えられるのが、産業社会における「変化」である。産業社会が変化すると、そこに新たなニーズが誕生し、そのニーズを満たそうとして、新たな商品、サービスが生み出され、それがビジネスとして発展することで新たな産業が成立する。

　産業社会の変化、といっても様々なものがあるため、ここでそのすべてを表記することは不可能である。例をあげるとすれば、産業構造の変化、グローバリゼーションの進展、国際情勢の変化、新たな規制・法制度、所得の増大、消費者の嗜好や生活スタイルの変化、等々である。一つの変化は、次の新たな変化を生み出す原因となるため、変化は連鎖して絶えることがない。社会や経済が絶えず変化するということは、人々の新たなニーズも絶え間なく生み出されていると考えてよい。このように、人間の持つ欲求、欲望にはキリがない。なお、欲求やニーズには、「こうしたい」、「こうなりたい」、「こういうものが欲しい」など、具体的に表面化したものもあれば、個人や社会が

日常的には意識していないような潜在的なニーズも存在することに注意が必要である。

　産業社会の変化に伴って新たなニーズが生れると、これを充足させようとする動きがその一方に生じる。それが発明や新商品・新サービス開発の動きである。新たな発明や新商品・新サービスの開発によってニーズを充足させるためには、アイデアの創造やテクノロジーの発展が不可欠であるが、そのためには、新たなシーズの創造に向けた研究者や技術者などによる研究開発、技術開発などへの弛まぬ努力、国や企業による研究への資金投入、起業家などによるアイデアや構想力のブラッシュアップ、さらにはその夢を実現させようとする情熱等といった要素が必要となる。これらに加えて、ニーズとシーズとをマッチングさせるための機能が重要になる。これによってはじめてイノベーションが発動することになる。ＩＴの発展によってマッチングのための情報収集や「きっかけづくり」は比較的容易になったが、本当に信頼に足るビジネスパートナーという意味でのベストマッチを成立させることは決して容易なことではない。

　ニーズが明らかになり、それを満たすために必要なシーズやテクノロジーが発明、開発され、その両者をマッチングすることができれば、新たなイノベーションが生じ、産業創出の可能性は高まるが、これだけではまだ不十分である。一定量の需要に対応できる安定した生産・供給能力の構築とそれを支える組織・管理体制、その再生産に必要な収益性の確保、既存の商品やサービスとの競争優位性の確立など、今後、事業として成立し、産業として持続的に発展しうる諸要件を備えることができるかどうか、が次の重要なポイントとなる。

5.2　これまでの新産業・ニュービジネス

　これまで日本国内で生み出されてきた新産業やニュービジネスには様々なものがあるが、以下では、これらのうち、特に「関西発」とされているものについて紹介する。関西は、古より都がおかれた政治・経済の中心地であり、中でも大阪は、江戸時代には商業の中心地として発展した。「進取の気質」に富む地域とされ、関西・大阪から、新しいアイデアやビジネス、新商品が

第5章　産業創出をめぐる動き

図表III-5-1　関西発の新商品・ニュービジネス

食品	インスタントラーメン、レトルトカレー、おまけ付菓子、サイダー、缶コーヒー、コーヒーフレッシュ、機能性飲料　等
電機・電子機器	自動食券販売機、紙幣両替機、ニセ札鑑別機、無人駅システム、現金自動預金機、カラオケ、ヘアドライヤー、電子レンジ、太陽電池式電卓、VHSビデオ、製パン機、生ゴミ乾燥処理機　等
住宅・生活用品	プレハブ住宅、蚊取り線香、練り歯磨き、ナイロン製バック　等
流通	スポーツ用品専門店、駅ターミナル百貨店、スーパーマーケット、倉庫型ディスカウントストア、無店舗販売、チェーン店舗展開　等
サービス	総合結婚式場、結婚情報サービス業、葬儀会社、引っ越しサービス、清掃用具のレンタル、ビジネスホテル・カプセルホテル　等

「関経連四季報」「ヒット商品グラフィティ」、各社ホームページなどを参考に作成

数多く生み出されている（図表III-5-1）。

「関西発」とされる新商品、ニュービジネスには、関西の産業構造を反映して、食品や電機・電子機器などの製造業や流通、サービスなどの分野に特徴がある。例えば、食品分野では、レトルトカレー（大塚食品）、インスタントラーメン（日清食品）、おまけつき菓子（江崎グリコ）、缶コーヒー（UCC）、ポーションタイプのコーヒーフレッシュ（日興乳業、現メロディアン）などがある。電機・電子機器の分野では、自動食券販売機、紙幣両替機、ニセ札鑑別機、無人駅システム、現金自動預金機（立石電機、現オムロン）、カラオケ（クレセント）、電子レンジ、太陽電池式電卓（シャープ）、ヘアドライヤー、VHSビデオ、製パン機（松下電器、現パナソニック）、生ゴミ乾燥処理機、などがある。住宅・生活用品の分野では、プレハブ住宅（大和ハウス）、蚊取り線香（大日本除虫菊）、練り歯磨き（サンスター）、ナイロン製バック、などがある。

また、流通の分野では、スポーツ用品専門店（ミズノ）、駅ターミナル百貨店（阪急百貨店）、スーパーマーケットや倉庫型ディスカウントストア（ダイエー）、無店舗販売（千趣会）、チェーン店舗展開（ヒグチ薬局）など、その他サービスの分野では、引っ越しサービス（サカイ引越センター）、清掃用具のレンタル（ダスキン）、人材派遣（テンポラリーセンター、現パソナ）、総合結婚式場、結婚情報サービス業、葬儀会社、ビジネスホテル・カプセル

ホテル、なども「関西発」の新サービスとされる。
　現在の産業社会では、存在していることが当たり前になっている製品やサービス、システムなども、実はその多くが戦後の、特に経済成長が著しかった1950年代から1970年代にかけて生み出されている。日本の経済が成長し、産業社会が大きく変化することで様々なニーズが生まれる一方、都市部を中心に人口が増大し、新たな商品、サービスに対する需要やマーケットが急速に拡大していたことが、その背景にあるものと考えられる。

5.3　新産業・ニュービジネス創出の状況

　新産業、ニュービジネスの創出状況を定量的に把握する際に用いる指標の一つに「新規開業率（・廃業率）」がある。新規開業率とは、ある時点の事業所数に対して、その後の一定期間にどれだけ新しい事業所が新規開業（増加）したのか、を率で示したものである。ちなみに廃業率とは、ある時点の事業所数に対して、その後の一定期間にどれだけの事業所が廃業（減少）したのか、を率で示したものである。日本の場合、事業所数全体が減少する傾向にあるため、廃業率の方が新規開業率を上回る状況が続いているが、いずれの値も4パーセント強、とアメリカなどと比較してかなり低い水準にとどまっている点が特徴であり、それは同時に課題でもある。「失敗」すること自体は決して望ましいことではないが、「チャレンジ」がなければ失敗も起こらない。起業する人の数が少なければ、失敗の数も少ないかもしれないが、次代を担う産業、ビジネスが生み出される可能性もそれだけ小さくなる。また日本の場合は、起業に必要な資金の調達手段が少ないうえに、それが「投資」よりも「融資」中心であったことが、チャレンジや再チャレンジを困難にする要因とも指摘されている。

　安倍内閣の成長戦略では、新規開業率を英米並みの10パーセントにまで引き上げることを目標としているが、日本がその経済力を持続していくためにも、産業の新陳代謝を促し、中小企業や小規模事業者の革新を加速して新たな起業の数を増加させることが不可欠である。そのためには、資金調達といった短期の課題を解決することはもちろん、ベンチャー教育などを含めた中長期的かつ総合的な取り組みが求められよう。

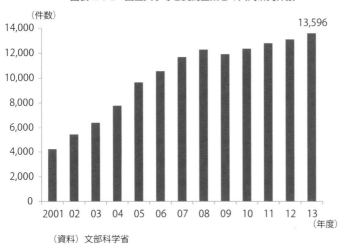

図表 III-5-2　国立大学等と民間企業との共同研究件数

（資料）文部科学省

　新産業、ニュービジネスの創出を促進する手段として、大学発ベンチャーや大学等との共同研究などの取り組みが注目される。大学発ベンチャーとは、大学内部に潜在する研究成果、研究シーズ等を掘り起こし、新規性の高い製品開発を図ることにより、新たな市場を創出する「イノベーションの担い手」として期待するものである。大学発ベンチャーの創出促進を目的として「大学発ベンチャー 1000 社計画（平沼プラン）」が 2001 年度に制定された。それ以降、産学官による積極的な支援を背景として、日本の大学発ベンチャーの数は次第に増加し、2009 年度末の時点では累計で 2,000 社を超えるまでに至っている。

　また、大学と民間企業とが協力して新たな研究成果を目指す「共同研究」の取り組みも注目されている。図表 III-5-2 は、国立大学等と民間企業との共同研究件数の推移を見たものであるが、2001 年度には 4,225 件であったものが、2013 年度には 13,596 件と 3 倍以上に拡大している。共同研究の分野としては、ライフサイエンス分野が 30.9 パーセント、ナノテクノロジー・材料分野が 16.6 パーセント、情報通信分野が 8.7 パーセント、環境分野が 6.2 パーセントなどとなっている。

5.4 課題と支援の動き

　大学発ベンチャーの数や国立大学等との共同研究実績などは、いずれも増加しているが、一方で課題も少なくない。経済産業省が 2007 年度に実施した「大学発ベンチャーに関する基礎調査」では、技術に起因する脆弱性や人材に起因する脆弱性が指摘され、「資金面」、「人材面」、「販路面」の強化、特に創業早期の段階(アーリーステージ)での支援の重要性が指摘されている。

　これらの課題は、大学発ベンチャーに限らず、新たに起業されるビジネス、ベンチャー企業のスタートアップの際にも広く共通するものである。大学等における研究成果やシーズ、起業家の持つアイデアやビジネスモデルは、起業するための必須条件ではあるものの、創業早期の段階(アーリーステージ)においては、ビジネスとしての継続性を維持するうえで必要となる資金調達や販路拡大、組織管理などの機能、及びこれらを担う人材の手当がどうしても後回しになり、不足する事態が生じる。大学の研究者やベンチャーの創業者は、研究活動においては優秀であり、アイデアやビジネスモデルの創造には長けているかもしれないが、会社経営のノウハウを有し、管理者能力までもが優れているとは限らない。創業早期の段階(アーリーステージ)では、資金調達や経営能力、人材などに不足が生じることの方がむしろ一般的である。

　ベンチャー企業が事業化を進め、発展するためには、資金面をはじめとして様々な課題を克服する必要があることは、これまで述べてきたとおりである。技術等のシーズが産業へと発展するプロセスを「研究」、「開発」、「事業化」、「産業化」の 4 段階に分け、それぞれのプロセスの間の関門・障壁を「魔の川」、「死の谷」、「ダーウィンの海」などと呼ぶことがある。「魔の川」とは、基礎的な研究が製品化を目指す開発段階に至るまでの関門・障壁のことを指す。「死の谷」とは、開発の段階に進んだものが商品・事業化の段階へ進むうえでの関門・障壁のことを指す。そして「ダーウィンの海」とは、事業化から産業化へと発展する際の関門・障壁のことをいう。特に、研究の成果やシーズなどをもとに試作品やプロトタイプの作成といった開発の段階まで進んだものを、量産化、ビジネス化する事業化の段階においては、必要となる

資金量がこれまでよりも急増するため、資金調達の困難さがより顕在化する。当然のことながら、マーケットでの知名度や理解度はまだまだ低いため販路も思うように拡大しない。ビジネスの先行きが不透明な状況の中、資金調達が思うように進まないために、事業化に失敗するケースが少なくない。ベンチャー企業がこうした深い「死の谷」を乗り越えることは決して容易なことではないのである。幸運にも「死の谷」を乗り越えて事業化の段階に進むことができたとしても、既存の商品やサービスなどとの生存競争に勝ち残り、事業を継続し拡大させていかなければならない。進化の本質は自然淘汰だとしたダーウィンに準えて、この関門・障壁のことを「ダーウィンの海」などと呼ぶのである。

　起業の件数を増やすとともに、事業の成功確率を高めることが日本の産業社会にとっての重要な課題であるが、ベンチャー企業がこれらの関門・障壁をすべて自力で解決、乗り越えることには大きな困難とリスクが伴う。これらの課題を解決・解消するための支援のしくみや各種制度の整備・充実が必要である。

　創業段階における資金調達の問題については、大学や自治体、金融機関などが「ビジネスコンテスト」などを開催し、有識者による「目利き」によってこれを評価し、優秀なものに対しては、開業のために必要な資金（の一部）を提供するような取り組みが行われている。例えば、池田泉州銀行では、2003年度より地域経済の発展に貢献するような、新規性・独創性のあるビジネスプランを有する企業、起業家の発掘・育成を目的として「ニュービジネス助成金制度」を設けている。助成の対象となるのは、大阪府・兵庫県・京都府・和歌山県に所在し、新規性・独創性のあるビジネスプランを有する企業または起業家である。書類選考などを経たのち、関西の各大学、公的研究機関、ベンチャー支援機関等より選出される「ニュービジネス目利き委員会」での評価・審査を経て優秀なプランが選定される。助成金の総額は1,000万円程度で、大賞には300万円、優秀賞には100万円、奨励賞には50万円が助成されることになっている。

　京都信用金庫では、創業期の資金需要に対応するものとして、「創業支援融資制度」を設けている。この商品の特徴は、融資実施後しばらくの間（最

図表 III-5-3　ベンチャー企業の資金調達への国の支援事例

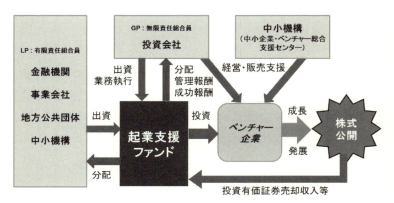

独立行政法人 中小企業基盤整備機構 HP より

短 16 ヶ月、最長 28 ヶ月)は当座貸越として契約額を上限に自由に借入・返済ができるところにある。すなわち事業の進捗に応じた柔軟な資金調達を可能にしている。

また図表 III-5-3 は、独立行政法人 中小企業基盤整備機構などによる、ベンチャー企業が抱える資金調達、人材、ノウハウといった課題を解決するための支援スキームを表したものである。中小企業基盤整備機構や投資会社などが投資という形でベンチャー企業に資金を供給し、経営や販売に必要なノウハウ等を支援し、株式が公開されれば、その売却によりキャピタルゲインを得る、というものである。

アメリカなどと比較して、日本の場合は創業初期における資金調達が困難であることがしばしば指摘される。日本では、ベンチャー企業支援などの歴史が短く、その経験やデータの蓄積が不足しているため、「エンジェル」などと呼ばれるリスクマネーの供給者や、ベンチャーキャピタル(VC)の絶対的な数量が少ない。リスクマネーが調達しにくい場合には、銀行など金融機関からの融資に頼らざるを得ないが、そのためには、担保となるような資産が必要であり、もしも事業化がうまくいかなかった場合には、多くの財産を

失ってしまい、再チャレンジが困難になる。

　また日本は、ベンチャースピリットを持った人材の育成や、ビジネスマインドを醸成する教育、などといった面でも遅れているといわざるを得ない。「偏差値の高い大学に入り、大手企業に就職して、終身雇用により定年まで安定的な生活を送る」ことが理想であるかのような価値観が社会の主流であったため、敢えてリスクを冒してまで他人とは異なる道を選択する人材は少なく、また起業への挑戦を推奨するような教育も行われてこなかった。

　日本の産業社会が発展するためには、これまでの強みであったプロセスイノベーションは維持しつつも、独創的なプロダクトイノベーションへのシフトチェンジが求められるが、そのためには、ベンチャー企業数の拡大を図るなど、新しい産業が次々と創出されるしくみづくりが必要不可欠である。ベンチャースピリットを有する起業家を育成、養成するための教育システム、起業家が事業化、産業化を進めるうえでの資金調達やマッチングを容易にするための支援のしくみ、そして、もし仮に失敗した場合でも再チャレンジが可能なセーフティネットのしくみを整えること、などが喫緊の課題となっている。

第6章　成長が期待されるビジネス
6.1　医療・介護、健康、保育ビジネス
（1）ビジネス拡大の背景

　医療や介護の分野は、今後の高齢化の進行に伴って高齢者の数が増加し、医療サービス、介護サービス、高齢者支援サービスに対する需要がますます高まるものと想定されることから、今後の成長が期待されるビジネスの一つとなっている。現実に、高齢化の進行により国民医療費は拡大を続けており（図表Ⅲ-6-1）、要介護認定者数も増大し、介護保険給付費も増加の一途にある（図表Ⅲ-6-2）。その一方で、健康志向の高まりや核家族化による家族機能の縮小、共働き世帯の増加、女性の社会進出等を背景として、健康の維持・増進にかかわる各種のサービス、保育や子育て、教育に関するサービス等への需要が拡大するものと予想される。

　供給サイドにおいては、新薬の開発や医療技術、医療機器、介護ロボット等の開発などといった技術革新が進められているほか、2015年の介護保険制度の改正等により新たな事業者による高齢者（シニア）向けサービスの提供可能性が拡大することなどを踏まえ、民間における当該ビジネス分野への参入・拡大の動きがある。

（2）課題

　国民医療費、介護保険サービス費は年々拡大の傾向にあるが、これら制度の維持には多額の「公費」が投入されているため、国家の財政を圧迫する要因となっている。一般会計支出総額に占める社会保障関係費の割合は既に30パーセントを超えており、国債費と合わせた歳出額は全体の55パーセントにも上っている。国家財政健全化の観点からも、社会保障関係の支出を抑制することは重要な課題となっている。

　社会保障関係の支出を抑えるためには、医療費や介護費用を抑制する必要がある。病気の予防や高齢者のケア、健康の維持・増進についての取り組みを推進するとともに、これに関連するビジネスを拡大させることが必要となっている。

　「健康寿命[1)]」という言葉が2000年に世界保健機関（WHO）によって提

第6章　成長が期待されるビジネス

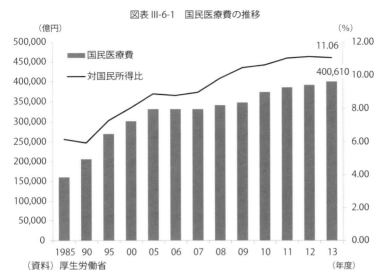

図表 III-6-1　国民医療費の推移

（資料）厚生労働省

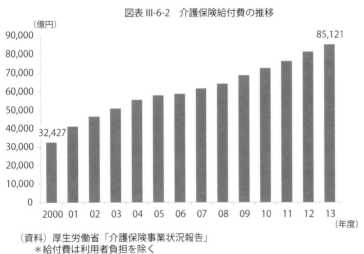

図表 III-6-2　介護保険給付費の推移

（資料）厚生労働省「介護保険事業状況報告」
＊給付費は利用者負担を除く

唱されている。これは、日常的に介護を必要とせずに自立した生活ができる生存期間のことを指す。病気予防や健康の維持・増進に資するサービスの供給を拡大し、これらを積極的に活用することによって、多くの国民の健康寿命をさらに伸ばすことは、重要な課題となっている。

介護や保育、健康といった分野のサービス需要が拡大することが予想される一方で、これらを担う人材が将来において不足する事態が懸念されており、当該分野における人材需給のミスマッチ解消が大きな課題となっている。厚生労働省によれば、例えば、介護の分野では、2025年には約38万人の介護人材が不足すると予想されている。また保育の分野でも、2017年には7.4万人の保育士が不足するとされており、特に大都市部で問題が深刻である。その原因の一つとして指摘されるのが、離職率の高さである。介護や保育の現場における厳しい労働環境と賃金の低さがその主な理由である。介護職員の賃金が低い状況に男女の差はなく、年齢が高くなっても賃金はあまり増えない。産業の平均値と比較するとその差は歴然である。これは介護報酬によって介護事業所の収入が決まり、そして介護職員の給与が決まるしくみに原因がある。社会保障関係費の拡大を抑えるためには、介護報酬を容易に引き上げることができないが、その結果として、介護事業所が職員に対して十分な賃金を支払えない状況が生じている。

　保育士についても、特に私営の保育所における処遇の低さが離職率を高める原因の一つとなっている。また、核家族化の進行により保護者の保育士に対する期待や要求が高まっていることに加え、発達障害など特別な支援を必要とする子供の数が増えるなど、現場の保育士には、より高度な知識やスキルが求められるようになっている。それにも関わらず、保育士不足のために労働環境が一段と厳しくなっており、こうしたことが離職率を高める原因となっている。

（3）今後の方向

　医療・介護、健康、保育等に関するビジネスの発展を加速するためには、介護職員や保育士などをはじめ、健康・ヘルスケアにかかわる人材の安定的な確保とその育成が求められる。そのために、既存の事業所においては、事業の合理化・効率化、経営基盤の強化を図り、職員の処遇改善に取り組む必要がある。介護分野では保険内サービスの効率化を進めることはもちろんのこと、シニア、アクティブ・シニア支援事業などとの連携を図ることによってサービスの付加価値を高め、他の事業所との差別化を進めつつ、収益力を

強化することが求められる。さらに、各地域においては、健康関連産業（ヘルスケア産業）の振興を促進することにより、拡大するサービス需要の受け皿を用意するとともに、これらを担う人材の掘り起し、定着・活躍のための研修の実施等、人材育成を進めていく必要がある。

　人材の調達については、グローバルな人材の受け入れを促進することも有力な選択肢である。現在、EPAによる介護福祉士の受け入れ事業が進められているが、言葉の壁の問題等もあって必ずしも順調に進んでいるとはいい難い。しかし、外国人材の活用は、今後の日本の産業社会の発展にとって不可欠な要素である。

　また、女性の活躍推進の観点からは、仕事を長く続けられる環境の整備が重要である。結婚や出産等によって一時的に現場を離れることがあっても、それまでの経験や知識を活かし、能力や素養のある人材を産業社会として有効に活用することが、介護や保育のサービスの質を維持するだけでなく、次代の人材を育成することにもつながる。また、介護や保育の現場で、職員が孤立することのないよう、職員相互が学び合い、またスキルを高め合うような機会を持つことが、人材やサービスの質を維持・向上させるとともに、長く働き続けられる環境を整えるうえでも重要である。

6.2　観光、コンテンツ
(1) ビジネス拡大の背景

　観光、コンテンツの分野もまた、今後の成長が期待されるビジネスの一つである。期待が集まる背景には、国内外での観光需要の高まりがある。戦後のベビーブームの時期に誕生した、いわゆる「団塊の世代[2]」の退職者が増加することで、時間的にはもちろん、懐具合にも余裕がある年齢層の観光サービスへの支出が拡大するものと見込まれるためである。加えて、世界経済、特に新興国等の経済発展により、これらの国からの日本への観光需要が高まっていることがある。経済の成長によって経済的な余裕ができた中国やアジア諸国からの観光客は増加しており、今後もその拡大が見込まれている。

　その一方、受け入れ側（すなわち日本国内）の状況としては、高速道路や国際空港、高速鉄道等の整備が着々と進められた結果、移動手段が一段と高

速化し、ネットワークも整備されるなど、観光を容易にする条件が整えられてきた。また、最近では格安航空会社（LCC）の進出によって、これまでよりも少ない費用で日本に観光に来ることが可能になっている。

輸出に依存した経済発展モデルに限界が見えはじめ、一方では、少子化の進行によって人口減少に直面する日本にとって、観光産業というサービス産業がもたらす経済効果は魅力的である。特に、過疎化や高齢化、産業の空洞化の進行などにより経済が低迷し、衰退、あるいは消滅の危機にある地方を活性化させる切り札としての期待が高まっている。

日本が観光振興、特に外国人旅行者の受け入れ（インバウンド）推進に本腰を入れ始めたのは、比較的最近のことである。それまでは、製造業の輸出によって拡大した貿易黒字を縮小することを目的として、日本人の海外旅行（アウトバウンド）の増加を図るための政策がむしろ中心であった。日本人海外旅行者を1千万人にするという「テン・ミリオン計画」は1990年に達成され、日本人海外旅行者数の拡大はその後も続くことになる。その一方、訪日外国人旅行者数の伸びは鈍く、国際旅行収支（訪日外国人旅行者が日本国内で消費する金額と日本人海外旅行者が海外で支出する金額との収支）の赤字は拡大した。

インバウンドとアウトバウンドの不均衡に加え、その他の先進各国等と比較して外国人旅行者の受入数が極めて少ないこと（例えば、フランス83百万人、アメリカ66百万人、中国58百万人：いずれも2012年）、グローバリゼーションの流れの中で国際交流、国際理解の促進を図る必要があること、等の理由から、インバウンドの促進を重視する方向へと政策が転換されることになる。2002年に「経済財政運営と構造改革に関する基本方針2002」が閣議決定されたことに基づき、国土交通省は「グローバル観光戦略」を策定した。これは、「外国人旅行者訪日促進戦略」、「外国人旅行者受入れ戦略」、「観光産業高度化戦略」、「推進戦略」の4つの戦略からなるが、このうち、外国人旅行者訪日促進戦略の一環として、2003年度より訪日外国人旅行者の増加を目的とした「訪日旅行促進事業（ビジット・ジャパン事業）」がスタートしている。重点対象とする国・地域を、韓国、台湾、中国、アメリカ、香港、イギリス、フランス、ドイツ、オーストラリア、カナダ、シン

第6章　成長が期待されるビジネス

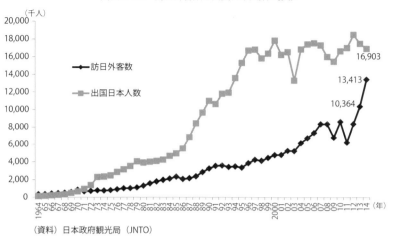

図表III-6-3　訪日外客数と出国日本人数の推移

（資料）日本政府観光局（JNTO）

ガポール、タイ、マレーシア、インドネシアの14とし、在外公館や民間企業、現地旅行会社と連携するなど、ニーズに応じた旅行商品の開発や対外プロモーションを実施している。

その後、2008年10月には、観光立国の実現に向けた観光政策を専らとする観光庁が国土交通省の外局として創設された。また、外国人観光客の増加を企図した規制緩和が実施されるなど、外国人旅行者数を拡大するための環境整備が着々と進められてきている。例えば、中国からの個人観光の解禁や3年間複数往復可能な観光マルチビザの発給が開始され（2011年7月～）、2013年7月からは、タイ、マレーシアからの旅行者に対しても、一部条件付きながらビザが免除されるようになった。

ビジット・ジャパン事業がスタートして以降、訪日外客数は順調に増加していたが、リーマンショック後の2009年、及び東日本大震災が発生した2011年には大きく減少した。しかし訪日外客数の回復は早く、2013年には訪日外国人数が1,036.4万人となり、1千万人という目標をはじめて達成した。2014年の訪日外国人数は、円安傾向やビザ緩和などが追い風となって2013年の実績をさらに大きく上回る1,341.3万人となるなど順調に拡大している（図表III-6-3）。

図表 III-6-4　ビジット・ジャパン事業開始以降の訪日外客数の推移（国・地域別）

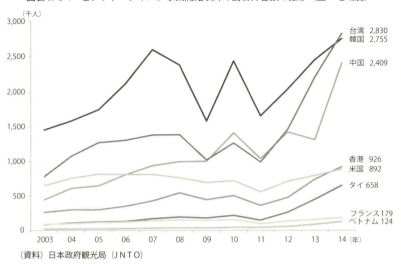

（資料）日本政府観光局（JNTO）

図表 III-6-5　訪日外客数の伸び率
（2011-2012/2012-2013/2013-2014）

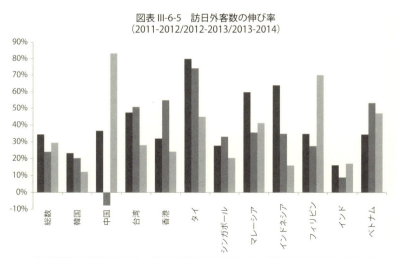

■訪日外客数伸び率(2011-2012)　■訪日外客数伸び率(2012-2013)　■訪日外客数伸び率(2013-2014)

（資料）日本政府観光局（JNTO）

2014年の国・地域別の訪日外客数を見ると、台湾が282.9万人ではじめてトップとなり、次いで韓国（275.5万人）、中国（240.9万人）、香港（92.6万人）、アメリカ（89.2万人）などの順となっているが、アジア地域、中でも台湾、中国からの観光客数の伸びが大きい（図表Ⅲ-6-4）。また、タイ、マレーシア、フィリピン、ベトナムなどの伸び率も大きくなっている（図表Ⅲ-6-5）。なお、訪日外客数については、2020年には2千万人を目標に設定しているが、2015年の1月～9月までで、1,448万人と既に2014年計を上回るなど好調が持続している。

（2）課題

日本は、他の先進各国と比較して、観光振興、特にインバウンド観光に対する取り組みに遅れが見られていたが、前述の通り、その推進のためのしくみや環境は整えられつつあり、2013年には訪日外国人数がはじめて1千万人を超えた。しかし、訪日外国人数増加の一因には円安の影響があり、欧米などの観光先進国と比較すれば、インバウンドの数は未だ少ない状況である。国内の観光ビジネスをさらに安定的に発展させるうえで解決すべき課題は少なくない。

・観光資源開発の推進

観光ビジネスの発展には、何よりも観光客数の増加が欠かせないが、そのためには、国内や海外から観光客を集客するための観光資源の開発と魅力づくり、そして効果的な情報発信が必要である。観光ビジネスには、すでに多くの国や地域が力を入れており、観光客誘致のための競争は厳しさを増すばかりである。新たに観光資源を発掘することや、観光資源としての魅力を創出すること、さらには、その魅力を維持していくことが重要である。類似するその他の観光地との違いを明確にしつつ、自らの付加価値について繰り返し訴求していくことが重要である。

・受け入れ体制の整備

観光ビジネスの発展には、観光客を受け入れるための体制整備も欠かせな

い。空港などのインフラ整備や、国際線の誘致などのほかにも、駐車場、宿泊・飲食施設の整備、サインや各種サービスにおける外国語対応等々、ハード面、ソフト面ともに多くの課題が存在する。例えば、関西国際空港は最近まで利用者数の低迷が続いていたが、格安航空会社の乗り入れが進んだことや、ユニバーサル・スタジオ・ジャパン（USJ）での新たなアトラクションの開業効果もあって外国人観光客による利用が増加している。その一方、道頓堀などの繁華街近辺では、駐車場が不足しているために観光バスの路上駐車が増加し、交通渋滞の原因になっている。

・環境保全

　観光客の増加は、旅行者による消費活動等を通じてその国や地域に生産波及効果、雇用誘発効果などのプラスの影響を及ぼす。その一方で、自然環境の毀損や風紀の乱れ、治安の悪化など、日本の社会、地域のコミュニティ等に対してマイナスの影響を及ぼす可能性もある。屋久島や小笠原諸島、富士山などでは、世界自然遺産への指定を機に観光客が増加したが、それは同時に貴重な自然や生態系が観光客によって脅かされる、というリスクを生んでいる。観光振興がもたらすメリットと環境保全、社会の安定や秩序の維持等とをいかに両立させていくか、は重要な課題である。

・意識改革

　これまでは、日本を訪れる外国人観光客の数が少なく、その訪問地も東京や京都などの一部の都市や施設等に限られていたため、それ以外の地域の住民や事業者の間では、外国人観光客の受け入れに慣れていないだけでなく、これらを積極的に受け入れることによって地域の活力として利用する、という意識がまだ十分に醸成されていない。日本を訪れる外国人の数が今後もさらに増加を続け、リピーターが多くなると、これまで観光地としては認識されていないようなまちや施設などにも外国人観光客が訪れるケースが増えると予想され、地域住民等との間で思わぬトラブルが発生することが懸念される。外国人観光客に対する地域住民の理解を深めるとともに、観光客として受け入れることに対する意識を前向きなものに変えていくことが求められる。

(3) 今後の方向
・観光資源の創造・活用

　観光ビジネスが今後も継続して発展するためには、国内外の人々を引き付ける観光資源の創造と活用が重要である。これまでの観光資源といえば、寺社・仏閣、歴史的な建造物、雄大な景観などがイメージされ、こうした観光資源がないところでは観光産業は成り立たない、と考える傾向があった。しかし、観光資源は様々な工夫やアイデア次第で新しく創造することができるのである。例えば、その国や地域における過去の歴史や人物、伝統的な産業、食文化、工場など巨大プラント施設、高層のビルやタワーのような近代的な建造物、新幹線のような先進的技術、あるいは廃墟のようなものなども、その活用次第で多くの観光客を引き付ける魅力的な観光資源となりうる。

　それぞれの地域における様々なイベントや体験・経験などと連動した催し物なども、外部から人々を引き付けるためのしかけとして有効である。このところの健康志向の高まりを背景に、一般市民が参加できるマラソンレースが全国各地で開催され、遠隔地からも多くのランナーを集めることに成功しているものがあるが、開催地周辺の旅館等の宿泊施設の紹介や観光スポット、名物料理、特産品、土産物などに関する情報を参加者に対して積極的に発信するなど、観光業との相乗効果を意識・期待しているケースが多い。また、世界遺産や無形文化遺産等への登録が積極的に進められているが、日本に存在する有形・無形の魅力を改めて認識し、情報として発信することで、国内はもとより、海外からも多くの観光客を日本に呼び込むことが狙いの一つになっている。

　秋葉原に代表されるサブカルチャーの拠点のような空間も、魅力的な集客装置となりうる。また、映画やアニメの舞台となった場所などは、その映画やアニメの熱心なファンにとっては「聖地」と呼ばれ、その場所を訪れて追体験することを目的とした観光客も多い。例えば、ライトノベルやアニメで人気のある「涼宮ハルヒの憂鬱」に登場する時計塔が兵庫県西宮市の阪急電鉄西宮北口駅前の「にしきた公園」にある。この時計塔は、2009年に地下駐輪場の設置工事に際して一度撤去されてスクラップ業者の所有となっていたが、同アニメファンの要望もあって2014年3月に西宮市によって修理・

復元されることとなった。アニメファンによる「聖地」巡礼の対象となれば、観光客の増加や地域の情報発信が期待されることもあり、地元の商店街もこれに協力している。こうした経済効果を期待して、地域のフィルムコミッション等による映画やドラマのロケ誘致などが積極的に行われている 3)。また、NHK の大河ドラマの舞台となった自治体等が、観光客誘致を目的とした様々なイベントやキャンペーンなどを行うことは、このところの恒例行事のようになっている。日本銀行福島支店の試算によると、2013 年に放送された NHK 大河ドラマ「八重の桜」による福島県内への経済効果は 113 億円と推計されている。また、兵庫県立大学の推計によると、2014 年に放送された「軍師官兵衛」にあわせた観光キャンペーンなどの展開等により兵庫県内に 243 億円の経済波及効果があった、という。

また、兵庫県朝来市にある「竹田城跡」は、現在では雲海に浮かぶ「天空の城」として知られ、2013 年度の入城者数が 50 万人を超えるほどの人気観光スポットとなっているが、知名度が向上して観光客が増え始めたのはここ最近のことである 4)。2006 年に「日本 100 名城」に選ばれたことや、2012 年公開の映画『あなたへ』（高倉健主演）のロケ地になったこと等が話題を呼び、「天空の城」として様々なメディアで取り上げられたことで人気に火がついた。

その国や地域における固有の歴史や人物、あるいは文化、文化財などに新たな価値（すなわち情報）を付加することによって、魅力的な観光資源とすることは十分に可能である。その際、「モノ」や「ハード」による観光資源の開発に拘らず、経験や体験などといった「コト」や「ソフト」に着眼した観光資源の発掘の可能性についても追求する。観光客を吸引することのできる多様な力を全国各地で創造し、競い合うことは、日本という国の様々な魅力を高めるとともに、観光ビジネスの可能性をさらに拡大することにつながる。

・ターゲットに応じた観光商品の開発

観光資源を創造するにあたっては、供給サイドの視点だけでなく、需要者側、すなわちターゲットである観光客サイドの視点もまた重要である。観光

サービスを提供するターゲットの明確化とともに、それらの潜在的なニーズを意識した旅行商品・サービスを開発することも重要である。同じ観光資源でも、ターゲットとする観光客よって魅力と感じる度合いやポイントには大きな差が生じることがある。若年者層と高齢者層では、観光の目的や興味・関心に大きな違いがあることは容易に想像できるが、同じ年代であっても、性別や出身地、経歴などの個人の属性の違いによって興味や関心のポイントや強弱には違いがある。まして国や民族等が異なれば、その文化的、宗教的、あるいは歴史的、地理的な背景も含めて日本観光に求めるものの違いはさらに大きくなる。こうした違いを十分調査・分析し、その結果を踏まえたプロモーション活動や旅行商品を開発することが、日本への観光需要を喚起するうえで有効である。例えば、寺社仏閣などの歴史的な建造物への興味・関心は、欧米からの観光客は高いが、中国からの観光客は低いといわれる。中国人観光客の興味・関心は、日本の電化製品や先進技術、アミューズメント施設などで高い。また、冬の北海道は、ほとんど雪の降らない東南アジアの人々にとっては、それ自体が珍しく興味深いものであるが、夏でもスキーがしたいという南半球の人々にも高い関心を寄せられている。北海道の雪質の良さや距離や時差による負担の少なさ等が高く評価され、北海道のスキー場がオーストラリアからのスキー客で賑わっている。

　ターゲットとする顧客（観光客）を認識し、その潜在的なニーズを発掘することにより、ターゲットのニーズにマッチした、魅力的な観光商品・サービスの開発を効果的に進めることができる。

・観光の高付加価値化、多様化・多目的化

　観光の高付加価値化や多様化・多目的化も、観光商品の魅力を高めるとともに、ビジネスとしての発展の可能性を拡大する有力な考え方の一つである。高付加価値化の事例としては、比較的裕福で時間的な余裕もあるリッチシニア層等を対象とした豪華列車等による旅行商品がある。例えば、JR東日本等が運行する寝台列車カシオペア（上野⇔札幌）やJR九州が運行するクルーズトレイン「ななつ星in九州」が有名である。特に「ななつ星in九州」については、九州各地を結ぶ単なる移動手段としてではなく、豪華な列車内

での食事やくつろぎ空間の提供、温泉地での滞在、景勝地での観光等といった楽しみすべてを列車の旅によって提供する、というコンセプトに基づいたサービスであり、大変高価であるにもかかわらず、なかなか予約が取れないほどの人気を博している。

多様化・多目的化の例としては、医療サービスを受けることを目的とした旅行があり、「医療観光」あるいは「メディカルツーリズム」などと呼ばれている。自国では受けられない、もしくはより高度な医療技術を求めて他国に渡航するものであるが、メディカルツーリズムの振興は、観光業界だけでなく、医療サービスを提供する事業者にとってもメリットがある。また、農村生活、田植えや稲刈り、市民農園等の農業体験の要素を付加したものを「グリーンツーリズム」あるいは「アグリツーリズム」などと呼び、1992年度より農林水産省の主導のもとにその推進が図られている。農山漁村地域において自然、文化、人々との交流を楽しむ滞在型の観光であり、都会にはない空間で、日常経験できない農作業などのイベントに参加することで新たな発見や気づきを得ることなどを目的とするもので、教育としての効果も期待できる。またこれを受け入れる農山漁村側にとっても、交流人口が増加することにより観光消費が拡大し、同地域への経済効果が期待できる。この他にも、工場見学や工場夜景を売りにした「産業観光」に注力している例（川崎市、北九州市など）もある。

・**コンテンツビジネスへの期待**

日本国内で創造され、発信される文化、芸術などのコンテンツの中には海外において高い評価を獲得しているものも少なくない。例えば、日本の浮世絵がヨーロッパの多くの画家に多大な影響を与えたことはよく知られている。最近でも、日本映画が海外の映画祭で高い評価を受けたり、日本人の作家がノーベル文学賞の候補になったりもしている。2013年12月には、「和食；日本人の伝統的な食文化」がユネスコの無形文化遺産に登録されるなど、寿司などをはじめとする日本の和食文化は海外でも評判が高く、多くの人々に広く受け入れられているものである。

また、アニメなどに代表される日本のサブカルチャーも、海外の人々に受

け入れられた文化の代表的なものである。これを象徴するものに、フランスで毎年開催されている「ジャパンエキスポ JAPAN EXPO」がある。ジャパンエキスポ JAPAN EXPO は、毎年 7 月フランス・パリで行われる、マンガ・アニメ・ゲームを中心とし、音楽・モードを含めた日本のポップカルチャーと、書道や武道・茶道・折り紙などの伝統文化を合わせた、日本文化のフェスティバルである。会場ではマンガやアニメ DVD、グッズなどの販売や、ゲームの試遊、ゲスト作家のサイン会、コンサート、ファッションショー、プロレス、柔道・剣道などのデモンストレーション、書道の体験コーナーなど、日本に関する様々な内容、催し物が開催されている。毎年フランス国内をはじめ、近隣のヨーロッパ諸国から来場者が訪れるまさにヨーロッパ最大規模の日本フェスティバルとなっている。開始当初（1999 年）の参加者は 2,400 人だったが、2014 年には百倍以上の 27 万人（2014 年は開催期間を 4 日から 5 日に延長）にまで拡大している。

　このように、広い意味での日本文化は、海外での高い評判と需要を背景として有力な輸出産業となる可能性を有している。また、海外から観光客を呼び込むための魅力的な観光資源、観光目的ともなりうる（例えば、聖地巡礼＝アニメの聖地を巡ることを目的とした訪日旅行など）。しかし、こうしたコンテンツに対する海外の人々の評価と国内のそれとが必ずしも一致していないケースも少なくない。外国人にとっては魅力的な文化やコンテンツであるにもかかわらず、日本人自身がそれに気づいていないか、国内での評価が低いために埋もれたままになっている可能性がある。日本としては、グローバルな視野から魅力的なコンテンツを探索し、またその創造活動を支援することで、海外の人々を惹きつけるコンテンツの発信を継続して行うことが重要である。

　なお、その先にある恩恵を将来において享受するためには、著作権などの知的財産権を保護するとともに、権利が侵害されるリスクへの十分な対策を日本としてとっておくことも忘れてはならない。

6.3 環境・エネルギー関連
(1) ビジネス拡大の背景

　環境・エネルギーは、日本の産業社会が現在直面している最も重要なテーマの一つである。その背景には、「地球温暖化」の問題がある。地球温暖化が進行することは、企業活動にも様々な影響を及ぼし、近い将来、経営面でのリスクとなりうる。これらのリスクは、規制リスク、市場リスク、物理リスクなどに分類できる。規制リスクとは、二酸化炭素（CO_2）などの温室効果ガスの排出量抑制に繋がる施策や規制が企業活動にとっての制約となるリスクである。市場リスクとは、温室効果ガスの排出削減等への取り組み実績や企業としての姿勢が、当該企業にとってのマーケットやステイクホルダー（顧客や株主等）の評価に（主としてマイナスに）影響するリスクである。物理リスクとは、洪水や干ばつ、生態系の消滅、食料不足、海面上昇、感染病の蔓延などが企業活動に悪影響を及ぼすリスクである。

　地球温暖化、あるいは「気候変動」の問題が科学的課題から政治的課題になりはじめたのは、1980年代後半である。CO_2などの温室効果ガスの排出が、地球温暖化、気候変動の主たる原因とされ、その排出量を地球規模で抑制することが重要課題として認識されることとなった。1990年には国連総会において「気候変動枠組条約に関する政府間交渉委員会（INC）」の設置が決議され、1992年には「気候変動に関する国際連合枠組条約」（UNFCCC）が採択、地球温暖化防止が人類共通の課題として位置づけられた。1995年には第一回締約国会議（Conference of Parties 1：COP1）が開催され、1997年に京都において開催されたCOP3では、先進国全体で基準年（1990年）比5パーセント削減、日本は6パーセント削減、アメリカは7パーセント削減、EUは8パーセント削減の数値目標が合意され、京都議定書としてまとめられるに至った。

　温室効果ガスの排出量を抑制するためには、エネルギーの使用量を削減する（省エネルギー）とともに、化石燃料の消費割合を削減し、太陽光や風力などいわゆる再生可能エネルギーの開発と、その利用を促進することが求められる。このように、環境問題とエネルギー問題とは、表裏一体の関係にある。

　リスクが予見されるところには、これを未然に防止するためのビジネス、

対処、解決のためのビジネスの可能性が生じる。例えば、省エネルギーや温室効果ガス排出抑制のための機器、技術、システム開発や、環境マネジメントを推進・支援するためのコンサルティング、等々がある。温室効果ガスを排出する権利（排出権）を取引するマーケットも発展している。

また、新興国などの経済が発展することで、天然資源やエネルギーに対する需要が拡大し、供給量とのバランスに変化が生じている。石油などの化石燃料が近い将来枯渇する可能性などについては、かなり以前から問題視されてきたが、需要の拡大や生産量の抑制（及び原油価格の上昇）等に伴って石油代替エネルギー関連技術（原子力発電、太陽光発電、バイオエタノール他）の開発が進められてきたところである。しかし最近になって、アメリカを中心とした、いわゆる「シェールガス革命[5]」の影響で世界のエネルギー事情には変化が生じはじめており、その動向には注意が必要である。

気候変動に関する国際的枠組み条約締結により、温室効果ガスの排出抑制が国際的な約束事となったため、日本は、省エネルギー／新エネルギーの推進や温暖化ガス排出抑制に対して積極的に取り組むことになる。特に、企業活動に対しては、温室効果ガスの排出量を制限する措置や、排出量削減に対する事業への補助金など、「アメとムチ」の両面から対策が講じられてきた。

（2）課題

地球温暖化、気候変動が及ぼす諸問題を解決することは、人類全体として取り組むべき喫緊の課題である、との認識は多くの国や地域にあるものの、各々の事情や立場の違いにより、取り組みへの足並みは必ずしも揃っていない。

特に、産業革命以降の世界における工業先進国と新興国や途上国との間の立場の違いが顕著である。その理由は、地球温暖化対策、温室効果ガスの抑制には莫大なコストや制約がかかり、その国・地域の経済、企業活動、国際競争力などに多大な影響が及ぶためである。新興国、途上国側は、現在の地球温暖化につながる原因は、主に先進国側（が温室効果ガスを大量に排出してきた結果）にあり、先進国側がその対策に多くを負担すべきである、と主張する。これに対して、先進国側の主張は、先進国側だけが義務を負うのは

図表 III-6-6　世界のエネルギー起源 CO_2 排出量（2012 年）

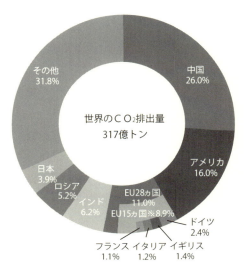

（資料）環境省　※EU15ヵ国はCOP3開催時点での加盟国数

不公平であり、地球規模での取り組みが行われない限り根本的な問題の解決策とはならず、経済的な競争力を維持するうえでも新興国、途上国側も応分の負担をするべき、というものである[6]。

　地球温暖化対策、気候変動に関する最近の議論では、2011 年 11 月に南アフリカ・ダーバンで開催された COP17 において、2020 年に、すべての国が参加する京都議定書後の新枠組みを始めるとした工程表が採択された。また同時に、2012 年末が期限の京都議定書の延長も決定したが、参加国は欧州連合（EU）やノルウェーなどのみで、日本やロシア、カナダなどはこれに反対したため、排出量は世界全体の 15 パーセントにとどまる。新しい枠組みでは、アメリカ、中国なども何らかの法律的義務を負うとしている。2014 年 12 月にペルーのリマで開催された COP20 では、2020 年以降の地球温暖化対策の新たな枠組みについて議論し、COP21 での合意を目指して骨格を決めることになっていたが、削減目標の設定に関する先進国側と途上国側との間の主張の対立は解消していない。

図表Ⅲ-6-6に示すように、世界で最大の温室効果ガス排出国である中国（世界に占める排出量の26パーセント）と第二の排出国であるアメリカ（同16パーセント）は、これまでこうした主張で対立し、排出抑制の枠組みづくりには消極的であった。しかし、2014年9月の気候変動サミットにおいて、アメリカと中国の両国が2020年以降の新枠組みづくりに積極的に関与する姿勢を鮮明にし、同年11月の米中首脳会談でも、排出量の削減目標をそろって打ち出して国際的な課題に前向きに取り組む姿勢を示すなど、これまでの状況に大きな変化が見られる。

　地球温暖化対策への国・地域の立場、考え方には依然として相違点、対立点はあるものの、個々の経済活動、ビジネス等において、エネルギー使用量を削減し、再生可能エネルギー等の利用・活用を拡大することで、地球環境への負荷を低減する方向に世界が動いていくことは間違いない。日本は、かつて大気汚染等の公害対策や自動車の排ガス規制、省エネルギー等に取り組み、これを克服してきた経験や技術の蓄積を有する。環境・エネルギーの分野で世界の国々が抱える課題に対して、これらの経験・技術を活かしつつ、商品開発、システム開発、インフラ整備、まちづくりなどの分野において積極的に役割を果たし、世界の中でリーダーシップを発揮することが求められている。

（3）今後の方向

　省エネルギーの推進やCO2排出低減のための技術・システム、環境配慮型商品の開発に対する需要は、国内はもとより、海外でも今後拡大するものと予想される。既に、自動車の分野では、燃費効率のよいハイブリッド車の販売が好調であり、また電気自動車などの普及も進みつつある。電機の分野でも、省エネ効果の高い家電製品の開発やLEDの用途拡大など、取り組みが進んでいる分野もあるが、鉄鋼業のところで触れた「環境調和型製鉄プロセス技術開発」（2030年にCO2の排出量を現在に比べて30パーセント削減する新製鉄技術の開発）など、これから進められるものもある。こうした製品開発や技術開発に日本が積極的に取り組み、世界を先導することは、環境・エネルギーに関係する産業の発展に貢献するだけでなく、その他の産業分野

における付加価値を高め、国際競争力を強化するうえで重要である。

また、東京電力福島第一原子力発電所の事故以降、原子力エネルギー利用の先行きが不透明となっていることから、風力、太陽光、地熱等の再生可能エネルギーの開発・実用化の推進は、日本の今後のエネルギー政策などとも連動して、新たなビジネスチャンスを拡大するものと考えられる。

燃料電池車[7]などの次世代自動車技術・システムの開発も進められているが、その普及には、コストや安全性の問題をクリアすることの他に、水素ステーションなどのインフラ整備等、社会システム自体を変革することが必要となる。

スマートコミュニティ、エコシティなどといった環境調和型のまちづくりと一体化した取り組みも今後注目されるところである。電気自動車や太陽光発電といった個別の開発商品を、まちづくりや都市開発という面的開発の中で連動・統合し、エネルギーをまち全体として効率的に活用、コントロールする、という発想の事業である。まだ社会実験や試験的取り組みの段階であるが、まち、あるいは都市単位での環境・エネルギー問題解決への取り組みが世界の各地で進むことになれば、環境・エネルギー関連分野における需要、ビジネスの可能性はさらに拡大するものと期待される。

6.4　インフラ関連／システム輸出
(1) ビジネス拡大の背景

急速な経済発展や人口増加により、新興国等における社会インフラ、産業インフラなどへの需要が拡大している。道路や橋梁などの整備については、既に一部で先行しているものもあるが、都市化の急速な進展によって、上下水道や火力、原子力などの発電設備、送配電設備、鉄道建設などに対する需要は今後も高い伸びが見込まれる。

こうした需要に積極的に応えることは、日本企業の当該ビジネスの拡大につながることはもちろん、進出先の国・地域における社会インフラ、産業インフラの整備が進むことで、その後の日本企業によるビジネス展開をも容易にし、発展を加速するなどの相乗的な効果も期待できる。また、日本及び日本企業と、当該国及び当該国の企業との関係を親密化、強化することによっ

て、将来に亘って良好な外交関係、ビジネスパートナーシップを構築することにも寄与する。日本が、社会の安定や産業競争力の強化等の観点から過去より蓄積してきた技術やノウハウ、制度や設計・建設、運営・管理のシステム等の優れた部分を新興国等へ移転・移植することは、産業面にとどまらず貧困の解消や治安の安定、衛生面の改善、教育レベルの向上など、豊かな生活を実現するための基盤づくりや、環境保全、防災等といった世界に共通する課題の解決にも貢献することが期待される。

　こうした分野のビジネスが対象とするのは、必ずしも新興国のものばかりとは限らない。例えば、日本の新幹線に代表される高速鉄道、及びその運行システムなどの最先端の技術については、アメリカ、イギリス、オーストラリアのような先進国における関心も高い。

　日本の企業や社会等において開発・蓄積され、世界的に見ても優れた技術やノウハウ、システムは、海外のマーケットにおいても十分な競争力を有しており、これからの日本にとって魅力的なビジネスチャンスを提供するものとして期待されている。政府が推進する国際展開戦略として「海外市場の獲得のための戦略的取組」が謳われており、2020年には約30兆円のインフラシステムの受注を目標としている（2013年の受注実績は9兆2,600億円）。

・水インフラ

　インフラ関連／システム輸出における有望な分野の一つに「水インフラ・水ビジネス」がある。新興国の経済発展や急激な都市化、人口増加により、水不足、水質汚染、上下水道施設の老朽化や水道管理技術の未熟さを原因とする「漏水」や「盗水」などが多発し、多くの問題が顕在化している。上水、下水など水インフラの整備、拡充の必要性、料金徴収などのシステムの整備などが求められている。経済産業省によると、世界の市場規模は2007年の36兆円から2025年には87兆円にまで伸びる、との見通しがある。

　日本における水処理技術は、海水の淡水化、下廃水や湖沼・河川・地下水の浄化などの分野で世界的にも優秀であり、東レなどの民間企業が、これに必要な膜処理技術、装置、システムの開発等の事業を推進している。また、日本では、地方公共団体により経営される企業体が水道事業を担ってきたこ

とから、水道事業に関わるノウハウの多くは地方自治体などに蓄積されている。例えば、東京の漏水率は3.6パーセントで、世界の中でトップクラスの水準を誇っている。東京都は、高度な水道管理技術をアジアに「輸出」することを狙い、ベトナム、フィリピン、インドなど約10カ国に職員派遣しているほか、都の第三セクター「東京水道サービス」は、ハノイ市水道公社と合弁会社を設立し、市内に浄水場を建設するとともに、その維持管理も担うことになっている（2016年頃稼働予定）。また、タイではバンコク市内の漏水・盗水を減らす対策を請け負うことで基本合意に達している。この他にも、大阪市がホーチミン市との間で上下水道整備に関する協定を締結しており、北九州市はカンボジアで水事業を受注している。

　民間サイドでも、三菱レイヨンが、シンガポール公共事業庁と共同で下水処理の実証実験を実施するほか、東レは、同国政府の海水淡水化施設向け処理膜を受注するなど、既に様々な形でビジネスが拡大する動きがある。

　一方、世界にはスエズ（フランス）、ヴェオリア（フランス）など「水メジャー」と呼ばれる巨大なコングロマリット（総合ユーティリティ企業）が存在し、圧倒的なシェアを有している。これに新興国メジャーと呼ばれる新たなライバル企業が台頭してきている。これに対し、日本の水ビジネスは、膜処理技術に代表される素材分野、漏水対策、浄水場・施設などの管理・運営ノウハウなどに強みを有している。しかし、日本における水道事業の民間ビジネスの歴史は浅く、海外市場での実績も少ない。

・**鉄道インフラ**

　鉄道事業も、今後、世界において成長が期待されるインフラビジネスである。経済産業省の資料によれば、2020年には22兆円のマーケットに成長するとしている。その中でも、アジア・大洋州は、今後の高成長が見込まれる市場として注目されている。日本は、車輌などの製造に加えて、安全で正確な鉄道運行システムに優れ、特に、新幹線に代表される高速鉄道の事業には強みがある。しかし現実には、新幹線技術の輸出実績は台湾高速鉄道のみにとどまる。台湾高速鉄道は、台北市・台北駅から高雄市・新左営駅までの345kmを最高時速300km、ノンストップなら所要時間約1時間30分で結

ぶ高速鉄道であるが、車輌に日本の新幹線の技術が使われているため、「台湾新幹線」と呼ばれることもある。

　また日立製作所は、2012年7月にイギリスの大手ゼネコンと共同で英国運輸省から高速鉄道車両596両の製造と27年半の間の保守事業を一括受注した。事業の総額は、45億ポンドに上る。日立製作所が受注したのは、ロンドンとスコットランドエジンバラなどとを結ぶ都市間高速鉄道で、イギリス北部のダーラム州ニュートン・エイクリフに8,200万ポンドを投じて車両生産のための工場を建設、ヨーロッパ本土を含めた鉄道市場の開拓を目指す、としている。今回のプロジェクトで日本政府は、国際協力銀行（JBIC）や日本貿易保険などの公的金融を通じて支援するなど官民一体の取り組みで支援し、鉄道ビッグスリー（アルストム、シーメンス、ボンバルディア）との競争に競り勝った。

　国内では、リニア中央新幹線の工事計画が国土交通大臣により認可され、2027年の品川－名古屋間開通に向けて、今後整備が進められることになる。日本が開発してきたリニア鉄道の技術も輸送インフラ輸出の有望分野であり、アメリカなどが高い関心を示している。

・原子力発電、太陽光発電等
　地球温暖化の防止やエネルギーの安定供給確保等の観点から、石油や石炭などの化石燃料を必要とする火力発電から、原子力による発電や風力・太陽光など再生可能エネルギーの利用が拡大している。

　日本では、1970年代に発生した石油ショックを契機に、石油などの化石燃料に依存しない電力源を確保するためとして原子力利用が推進されてきた。しかし、2011年3月に発生した東京電力福島第一原子力発電所の事故により、日本における原子力利用は一旦ストップすることになり、今後の見通しについても不透明な状況にある。

　しかし、世界的に見れば、原子力発電所の需要は依然として拡大する状況にある。例えば、2009年にアラブ首長国連邦（UAE）が建設を予定する原子力発電所の建設、及びその後の60年間の操業・メンテナンスを韓国企業連合が受注して各国の注目を集めた（これをUAEショックということがあ

る)。韓国電力公社(KEPCO)が率いる韓国企業連合は、米ゼネラル・エレクトリック(GE)と日立製作所を中心とする日米連合などを抑えて原発を受注した。建設費に60年間の操業・メンテナンス費用を加えると約400億ドルにもなる超大型案件である。受注の最大の要因は100億ドル以上、4割近く安いともいわれる価格とされるが、当時の李明博大統領とUAE皇太子との個人的な信頼関係も要因の一つとされている。

　日本が蓄積してきた原子力発電所の建設技術、運営ノウハウを海外のマーケットで活かそうという動きは、原発事故発生以降も継続している。例えば、ベトナムにおける原発建設計画がある。ベトナムは、2030年までに全国で8ヵ所、計14基の原発を建設する基本方針を打ち出しており、第1原発の2基はロシア、第2原発の2基は日本の受注が決定している(ただし、当初2014年の着工を目指していた第1原発は、延期の見通しとなっている)。また、2014年4月18日には、日本がトルコとUAEに対して原子力技術を輸出するための原子力協定が国会において承認されている。

　太陽光発電の分野においても、日本の太陽電池関連企業が、プラントメーカー、商社などの異業種と連合を組んで、東南アジアや中南米などの国々から、太陽光発電システムの受注を目指す動きが進行している。

(2) 課題

　インフラ関連／システム輸出の分野における日本の「強み」は、個々の企業が過去からこれまでに培ってきたノウハウや技術水準の高さにある。その一方、個々の企業間の連携という面では難があり、一貫した事業としての提案力、あるいはシステム全体としての競争力では他国に比較して弱く、また日本政府における当該ビジネス拡大への戦略や、関与・支援の弱さなども弱点とされてきた。

　当該ビジネスにおけるこうした課題は、水や鉄道、電力などの分野に共通するものである。水ビジネスの分野においては、「水源から蛇口まで」の事業トータルとしての競争力の強化が課題である。素材、施設・運営など、それぞれの分野では競争力を有していても、そうした技術・ノウハウは、個々の企業や自治体などに分散していて連結・統合できておらず、事業・システ

ムトータルとしての提案力・競争力という面では水メジャーなどと比較して日本はまだまだ弱い。

　高速鉄道整備についても事情は同じである。高速鉄道整備についての世界各国の関心は高いものの、その整備コストも莫大なものとなるため、実際の受注に至るまでには、様々な条件をクリアする必要がある。また、現在の鉄道のマーケットでは、シーメンス（ドイツ）、アルストム（フランス）、ボンバルディア（カナダ）のビッグスリーが鉄道車両の世界シェアの半分以上を握っており、こうした先行企業との競合を勝ち抜く必要がある。さらに、高速鉄道の整備事業には多くの利権が絡み、国の外交戦略などとも深く関係する場合が多いため、ビジネスを成功に導くためには、コストや技術などの問題にとどまらず、政治・外交といったより複雑で困難な問題を「国家」という力を借りてクリアしていく必要がある。

　太陽電池の世界市場は、今後も成長が見込まれるものの、このところ日本のシェアは中国勢などに押されて低下傾向にある。日本企業は高効率の太陽電池や発電所の建設では高い技術を有しているものの、技術が複数の企業に分散しているために、大型プロジェクトの受注においては不利となるケースがあった。世界の中で日本がそのシェアを拡大するためには、それぞれの分野で強みを有する企業が自らの分野の壁を乗り越えて連携し、「総合力」を高めることで提案力・競争力を強化する、という戦略が重要となっている。

（3）今後の方向
・キーワードは"オールジャパン"

　インフラ関連／システム輸出というビジネス分野においては、海外の強力なライバル企業とはもちろん、外国の政府等をも巻き込んだ競争を勝ち抜くことが求められる。そのため、異業種の企業同士が連携することや、日本政府等の協力を得て事業に取り組むなど、"オールジャパン"としての体制を整えることが不可欠であり、その推進のために、ビジネスの「パッケージ化」とルール整備が必要となる。太陽光発電の分野における「世界省エネルギー等ビジネス推進協議会[8]」の事例にあるように、有力企業がこれに加盟してプロジェクトにおいて連携することで、メガソーラー建設での受注の可能性

を高める動きがある。経済産業省なども、相手国政府に対して日本製品の性能・技術をアピールするほか、資金面でも政府開発援助（ODA）の無償援助や有償援助、国際協力銀行による融資などで積極的に支援する方針である。実際には、インドネシアに対して、パナソニック、カネカ、日揮、東芝、三井物産、双日といった企業がチームを組んで受注を目指す取り組みが進められている。

また、2014年10月に東京で開催された「高速鉄道国際会議」では、JR東日本、JR東海、JR西日本、JR九州のJR各社のほか、日立製作所、川崎重工、三菱商事、三井物産など、高速鉄道の製造・販売にかかわる国内の主要企業がこれに参加し、アメリカやオーストラリア、インドなどの関係者に対して新幹線やリニア技術についてアピールを行った。高速鉄道の分野でも"オールジャパン"としての体制が整いつつある。

インフラ輸出のビジネスに対する日本政府の関与については、既に積極姿勢に転換しており、実際その成果もあがっている。安倍首相の新興国・途上国への訪問数は歴代首相最多となり、2013年のインフラ受注額は、前年の三倍に拡大した。こうした「トップセールス」をはじめ、日本政府のインフラ輸出に関するさらなる支援と協力が今後も継続されることを期待したい。日本企業が海外でのインフラビジネスを有利に展開できるように、政府開発援助（ODA）や公的金融などとも連動するなど、"オールジャパン"としての戦略的な対応をとることが重要である。

その一方で、インフラ輸出のビジネスを展開することは、これまで国内において蓄積してきた技術やノウハウを輸出相手国へ移転することになるため、当該分野における日本の競争力が近い将来、低下する恐れがある。具体的には、日本が供給した新幹線の技術が中国によって国際特許出願手続きをされるという事例がある（なお、中国側は自主開発した技術であると主張しているが）。

世界の最先端を行くような技術、システム、ノウハウこそが、今後、日本経済、及び日本企業にとって、世界の中で生き抜いていくうえでの生命線である。こうした技術が漏洩、あるいは盗用されるリスクを政府、企業がともに十分認識したうえで、これを防止・回避するための対応策等について、あ

らかじめ用意しておく必要がある。

注
1）厚生労働省によれば、2013年の日本の健康寿命は、男性が71.19歳、女性が74.21歳となっている。2010年と比較すると、男で＋0.78歳、女で＋0.59歳といずれも伸びている。
2）戦後の1947年から1949年にかけて、日本では第一次のベビーブームが起こり、一年間の出生数は250万人を超えた。この時期に誕生した世代を団塊の世代と呼んでいる。また、1971年から1974年までを第二次ベビーブームと呼ぶことがあり、出生数も年間で200万人を超えている。この時期に誕生した世代は団塊ジュニアと呼ばれている。
3）全国のロケ地を紹介する雑誌「ロケーションジャパン」が実施する「第5回ロケーション大賞」に滋賀県が選ばれた。この1年間に地域の観光活性化に最も貢献した作品やロケ地が大賞に選ばれる。滋賀県内には、歴史的建造物や文化財などが数多いことに加え、県庁内に2002年に設立された「滋賀ロケーションオフィス」がロケ地の紹介や撮影許可の交渉、協賛企業の募集、出演者・スタッフの弁当手配のための業者紹介等々の活動を行うなど、映画やドラマの撮影側のニーズにきめ細かく対応してきた実績が関係者の間で高く評価されている。
4）竹田城跡を訪れる観光客が急激に増加したため、入山者による混雑や交通渋滞、石垣が踏み荒らされて崩れる危険などが出てきた。地元の朝来市は入山できる期間を制限し、料金を徴収するとともに、城跡の補修・整備などの対応に追われている。
5）地下深い頁岩（シェール）層の割れ目に、大量の天然ガスや石油が存在することが分かっており、その多くはアメリカ国内に存在する。近年、これを採掘する技術が開発されたことで、世界のエネルギー勢力図が書き換えられる可能性が指摘されている。
6）2015年3月に仙台市で開催された「第3回国連防災世界会議」においても、先進国側と発展途上国側の間で、温暖化対策と同じ構造の意見の

対立があった。防ぐべき災害の大きな原因に地球温暖化、気候変動の影響が考えられるためであり、途上国の防災対策に必要な資金負担等を巡って同様の議論が発生した。

7) トヨタは、2014年12月に世界に先駆けて量産型の燃料電池車「MIRAI（ミライ）」の販売を開始した。メーカー小売希望価格は7,236千円（消費税込）とかなり高額だが、年間の国内販売目標400台に対し、発売からわずか1ヶ月で1,500台の受注があるなど、注目度は高い。ホンダや日産も近い将来の市場投入を計画している。燃料電池車の普及には、水素ステーションの整備が不可欠であるため、上記三社は、燃料電池車用の水素ステーションの整備促進に向けた支援策に共同で取り組むとしている。

8)「世界省エネルギー等ビジネス推進協議会」は、2008年10月に80を超える企業・団体が参加して設立された。省エネルギー等のビジネスを世界展開していくための推進役として、様々な障害や課題を克服する方策の検討、具体的なプロジェクト形成を支援するためのミッション派遣や情報提供などの活動を官民が一体となって進めている。（http://www.jase-w.org/japanese/）

第Ⅳ部　地域の活性化と人的資源マネジメント

第7章　地域経済を取り巻く状況

　少子高齢化の進行や人口の減少、グローバリゼーションの拡大などの構造変化の影響を受けて、地域経済はこれからも大変厳しい状況が続くものと予想される。

　日本は、既に人口減少局面に突入しているため（図表Ⅳ-7-1）、多くの自治体でも人口が減少に転じているが、東京、横浜などの大都市を擁する首都圏の一部の自治体では依然として増加を維持しており、これらの都市部と地方部との間の格差はさらに拡大している。

　都市部と地方部との格差拡大は、人口のみにとどまらない。例えば、地方部の高齢化率は都市部と比較して高くなっており、21年後の2035年には、地方部を中心にさらに多くの自治体で高齢化率が35パーセントを上回る状況になると予測されている。人口の減少や急速な高齢化の進行は、地域経済における活力、成長力を削ぐ要因となるばかりか、自治体そのものの存続すらも危うくする恐れがある。第Ⅰ部第2章でも触れたように、日本創成会議は、「全国約1,800の自治体のうち896の市区町村が2040年までに消滅す

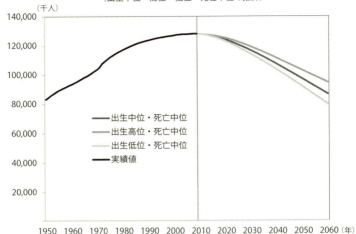

図表 IV-7-1　総人口の推移
（出生中位・高位・低位　死亡中位の推計）

（資料）国立社会保障・人口問題研究所

るかもしれない」といった試算を発表して波紋を広げている。

　地方部からは人口だけでなく産業機能も失われつつある。高度経済成長期には産業機能の多くが都市部に集中立地したために、地域の発展に大きな遅れが生じた。こうした事態を打開するために、国は全国総合開発計画を策定し、「地方への産業機能の分散」によって「国土の均衡ある発展」を図るべく各種の産業政策を展開してきた。具体的には、都市部への人口や産業機能の集積は抑制する一方で[1]、地方部での企業誘致・産業立地を促進し、雇用の機会を創出することで所得を増加させ、インフラなどの基盤整備を進めることで都市部との格差の解消を図る、というものである（図表 IV-7-2）。国内製造企業の地方部への工場等製造機能の立地は拡大し、一人当たりの県民所得額からみた地域間格差は縮小傾向にあるなど、こうした産業政策には一定の効果があったと評価することができる（図表 IV-7-3）。

　ところが、製造機能以外の地方分散は期待外れの結果に終わる。ＩＴ（情報技術）の発展によって地方においても都市部と同様の業務環境が確保でき

第 7 章　地域経済を取り巻く状況

図表 IV-7-2　地域振興整備計画の概要

事業名	目的
中核的工業団地の整備	工業集積の低い地方圏への工場の移転を推進するための中核工業団地を整備する。
新産業都市建設事業	大都市への人口・産業の過度な集中を防ぎ、地域格差の是正を図るため、産業立地条件や都市施設を整備する。
テクノポリス構想	特定地域について産業の高度技術に立脚した工業開発を促進する。
頭脳立地構想	特定地域について産業の高度化に寄与する特定事業（産業の頭脳となる業種）の集積を促進する。
産業業務施設再配置促進事業（オフィスアルカディア）	地方地域の拠点としに対して、オフィスなどの産業業務施設の分散・移転を図る。
地域産業集積活性化事業	地域産業の活力を維持するため、試作開発型事業促進施設の整備、管理、賃貸などの事業を行う。
地方拠点都市の整備	都市の発展の拠点となるべき地域の整備、及び産業業務施設の再配置を促進する。
ニューメディア・コミュニティ構想	地域の産業、社会、生活の各分野における各種のモデル情報システムを構築し、地域への導入・普及を進める。
テレトピア構想	情報通信基盤をモデル都市に集中的に導入し、高度情報化社会への対応を図る。
インテリジェント・シティ構想	高度情報センター、インテリジェントビルなどの高度情報基盤・システムを都市整備に必要な各種事業と一体的・総合的に整備する。
研究基盤整備事業	大型化、特殊化する研究開発に必要な施設・人材を産学官の協力によって確保し、地域の技術振興を図る。
戦略的地域技術形成事業	複数の都道府県にまたがって地域の産学官が連携して、中小企業のレベルアップ、新技術の導入を促進する。

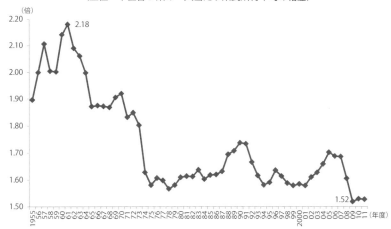

図表 IV-7-3　地域間所得格差の推移
（上位・下位各5県の一人当たり県民所得平均の格差）

（資料）内閣府「県民経済計算」
　2001-2011年度（93SNA、平成17年基準）　　1975-1995年度（68SNA、平成2年基準）
　1996-2000年度（93SNA、平成12年基準）　　1955-1974年度（68SNA、昭和55年基準）

るとして、経営の中枢機能やサービス産業の誘致・誘導が図られたものの、これらはむしろ東京へ集中する傾向が強まっている。コールセンターなどの地方部への立地や、防災・危機管理のためのバックアップ機能の地方分散化といった事例はあるものの、企業の経営目標が「拡大」から「効率性」の追求にシフトする1990年代以降、東京一極集中の傾向は一段と強まる。

　また、この時期以降、グローバル経営の一環として、製造機能を海外に移転するケースが増大、これにより地方部の工場が次々と閉鎖される事態が発生した。その結果、地方部は重要な雇用の機会と税収源の両方を失い、地域の経済は再び危機を迎えることになる。これまで唯一集積していた製造機能が海外等に流出したため、地方の産業社会は、新たな成長と発展の方向を模索しなければならない状況にあるが、その核となるべき人材の多くは大都市部に偏在している。そのため、地域の産業社会を改革し牽引するべきリーダー、活性化の中核となるべき経営者、ビジネスを創造し、あるいはこれを支援するような人材が不在か、もしくは不足する状況にあり、地方の産業社会の活性化を阻害する要因となっている。こうした事情により、地域経済は再びその活力を低下させつつあり、都市部、特に東京とその他の地域との経済的な格差は大きい（図表IV-7-4）。

　地域経済が停滞して税収の伸びが期待できない一方で、老朽化に伴う道路や橋梁等の補修や公的施設等の建替費用[2]、福祉関連の支出などが今後も拡大すると見込まれるため、地方自治体の財政運営はさらに厳しくなることが予想される（図表IV-7-5）。経常収支比率（都道府県税や地方交付税など毎年経常的に収入される使途の制限のない一般財源が、人件費や扶助費、公債費など毎年固定的に支出される経常的歳出にどの程度充当されているかを示す比率）の全国平均値は徐々に上昇する傾向にあり、地方自治体の財政状況が悪化しつつあることを示すものである。

　地域経済の活性化を進めるうえで、その地域の自治体は重要なステイクホルダーである。厳しい状況にある自治体経営を立て直し、自治体の経営改革を推進して無駄な支出をなくすとともに、産業・ビジネスの創出や誘導のための政策に予算を配分し、またそれらの活動の成果によって税収の拡大を図る必要がある。

第7章 地域経済を取り巻く状況

図表 IV-7-4 一人当たり県民所得（2011年度）

（資料）内閣府「県民経済計算」

図表 IV-7-5 地方公共団体管理の橋梁の修繕実施状況

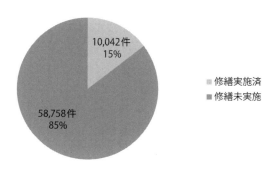

（資料）国土交通省 ※平成25年4月現在

注

1) 都市部の産業機能を地方部に分散することを意図した法律として、工場等制限法、工場再配置促進法、工場立地法があり、これらを工場三法と総称する。その中でも工場等制限法は、1959年制定の「首都圏の既成市街地における工業等の制限に関する法律」と1964年制定の「近畿圏の既成都市区域における工場等の制限に関する法律」の総称で、2002年7月に廃止されるまで継続した。首都圏、及び近畿圏の都市部に一定面積以上の工場（原則1,000m² 以上）や大学の新・増設を制限する区域を設定し、人口・産業の過度な集中を防ぐことを目的としたものである。この法律により、特に大阪では、産業機能、学術・研究機能が都心から流出し、賑わいの喪失や空洞化が加速して地盤沈下を引き起こす大きな原因になったとされる。

2) 人口の拡大期に全国各地で整備された施設・設備の老朽化に加え、大地震など将来の災害対策を見据えた耐震性の問題もあり、公共整備のインフラや各種施設の補修・補強、建て替えなどが多くの自治体で喫緊の課題となっている。

第8章　地域に求められる動き

　地域の経済が衰退や消滅の危機から脱却し、その活力を持続し発展していくためには、どのような動きが求められるのであろうか。

・自立型の地域経営

　地域が自らの価値や資源を発見し、あるいは創造し、これを情報発信して活用することにより自立型の経営を目指すことが重要である。都市部と地方部との間で様々な格差が拡大し、また定住人口が減少する状況においては、国の施策に一律に適合することを優先した、以前のような全国横並びの自治体運営や身の丈に合わない産業政策を続けていくことはできない。地域経営に失敗することは、自治体の存続すら脅かしかねず、国においても、すべての自治体の面倒を見るだけの体力はない。

　まずは、地域が自らの特徴を見つめ直し、その土地固有の経営資源の有無や活用の可能性等について議論し、検討を深める必要がある。その地域にはどのような過去があり、現在は何が存続し、またどこが比較優位なのか、を認識することが重要である。仮に、現状において魅力のある資源が見当たらないと判断される場合であっても、努力と工夫次第で魅力的な資源や比較優位を新たに創出することは可能である。さらにいえば、「何もない」ことを逆手にとった取り組みだって考えられる。

　地域の魅力については、地域の住民自身では気づきにくい場合もあり、外部の視点や知恵を活用することも有効な方法である。外部の目を入れて、地域の強みや魅力、経営資源等の評価・検討を行うことは、地域に固有のモノや発想・情報（＝オリジナリティ）を国内・海外に対して発信する場合の有効な手立てとなる。

　地域の「オリジナリティ」を発見、設定することができれば、次にそれを地域の経済活力、ビジネスに結びつけるための計画の策定、戦略の立案が必要となる。かつて、多くの自治体が作成していた総花的な「総合計画」のようなものは必要ない。当該地域にしか当てはまらないような計画と戦略、実施主体を明確にしたアクションプランを作成し、地元自治体や住民、民間企業、さらには大学・研究機関などが主体となり、また連携と協働することに

よって、各々が責任を持って確実に実行に移していくことが求められる。

　地方創生に関する国の総合戦略が策定されたことを受け、各地方自治体は2015年度末までに、今後5年間の取り組みに関する地方版総合戦略を作成することになっている[1]。その地域に固有の資源を活用したオリジナリティのある、具体的かつ継続的に実行が可能なプランとなるかどうか、がポイントである。

・産業の構造転換、高度化

　日本経済を取り巻く状況は常に変化している。当然のことながら、地域経済においても、国内外の変化に対応して産業構造等、そのすがた・かたちを変えていくことが求められる。

　とはいえ、多くの地方部では、農業、林業、漁業などの第一次産業が依然として産業活動の多くを占め、これ以外の産業については、地場産業、中小の製造事業所、零細な小売業や生活関連のサービス業などの集積が中心であり、中堅・大手企業の中枢管理機能のような集積等は少ないのが現状である。しかし、こうした機能集積、産業構造であっても、その高度化、高付加価値化に向けた構造転換が十分可能であることは、これまでにも述べてきたところである。例えば、第一次産業では、6次産業化や農商工連携などの推進、農産品のブランド化、グリーンツーリズムなど観光サービス業との連携、などにより、付加価値の高い産業構造に転換を図ることが可能である。

　しかし、こうした取り組みを行ったからといって地域のすべての産業や企業が生き残ることができるわけではない。生産性の改善が進まない、あるいはそれを補完するだけの付加価値を提供できない企業・事業所が競争力を失い、後継者が不在のまま、やがてその姿を消すのを止めることはできない。しかし、その穴を埋める新たなビジネスが地元で創出され、または外部から誘導されて、地域経済全体として「新陳代謝」が進んでいくことが重要である。新産業やニュービジネスを創出し、その数を増やしていくことは都市部であっても容易なことではないが、地域にオリジナルな経営資源を活かしたビジネス、その地域の地理的、歴史的、社会的な条件や背景に適合した産業の創出、あるいは機能の誘致に注力し、新たな企業・人材の創出や流入を増

やし、産業構造の転換、高度化を図っていく取り組みが必要である。

・行財政改革の推進

地域経済の活性化を、産業・ビジネスの創出、企業の誘致、あるいは国内外の観光客の招致などによって推進していくためには、その地域が国内からはもとより、海外からみても「魅力的」であることが重要である。地域の魅力を高めるためには、地方の自治体が行財政改革を推進して財政状況の改善を図り、地域活性化のための施策を実行するだけの自由度、すなわち予算を確保する必要がある。経常収支比率が上昇して財政の硬直化が進めば、地域経済の活性化に必要な施策を実施する予算を確保することが困難になるだけでなく、まちそのものを安心・安全で、美しく、魅力的に保つことができなくなる。

高齢化や過疎化が進み、産業活力が低下している状況で行財政改革を推進することには限界があり、またその効果も期待できないおそれがある。行財政改革への取り組みは、産業の構造転換や高度化に向けた取り組みと同時並行的に行われることが望ましい。

・人的資源のマネジメント強化

第Ⅰ部第2章で述べたように、産業のソフト化や経済のサービス化が進行する状況の下で、経済の構造転換、産業の高度化、新たなビジネスの創出と発展を加速するためには、人的資源、及びそのマネジメントが重要であり、それは地域経済の活性化を図るうえでも同様である。

国内では、労働集約型製造業の設備投資を地域の外から呼び込むような地域活性化策、すなわち「企業（工場）誘致」型の産業振興策は次第に難しくなりつつある。多くの雇用創出を伴う製造機能の立地については、ビジネスコストが安く、円高など為替リスクの影響が少ない海外に展開するのがトレンドであり、国内においては、機械化・省力化が徹底的に進んだ製造機能、物流や研究開発などの機能の一部が新規立地の中心となっている。

これからは、地域がそれぞれの特徴や現在保有する経営資源、産業集積、あるいはこれまで蓄積してきた資産（場合によっては遺産も）等を活用し、

図表 IV-8-1　学術研究、専門・技術サービス業の地域分布

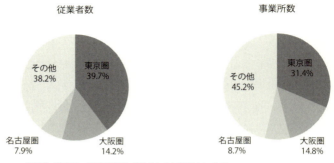

（資料）総務省・経済産業省「平成24年経済センサス」
（注）東京圏・・・東京都、千葉県、埼玉県、神奈川県
　　　大阪圏・・・大阪府、京都府、兵庫県、奈良県
　　　名古屋圏・・・愛知県、岐阜県、三重県

　地域の内側から新たな価値を創造し提供するような地域活性化策の展開が有望である。その実現には、こうした企画を立案し、また実践する役割を担う人材（人的資源）の存在こそが重要なポイントとなる。そうした人材を地域がどう調達・確保し、また教育・育成するのか、といった地域としての人的資源に関するビジョンや戦略が求められると同時に、その推進に向けたマネジメントが重要になる。
　しかし、高学歴者や専門職種、学術研究機関の研究者など高度人材の多くは、大都市部、特に東京圏に集中している、という現状がある（図表 IV-8-1）。人材の地域偏在問題に対応するために、まずは、地域の活性化を担う人材を都市部から呼び込む方法について検討する必要がある。地域活性化の戦略推進にとって不可欠な人材の要件を明らかにするとともに、そうした人材の所在を把握し、ターゲットとなる人材にアプローチする手段を探索し、地方での就労や移住に向けた動機付けや意思決定を促す条件等について分析・検討したうえで、これを提示する必要がある。
　人材の地方への転入・移住を促し、定着させるためには、衣食住を確保する必要があるが、何よりもそこに「仕事」があるかどうか、が重要である。自治体などが仕事の斡旋を行うことのほか、もしも、現時点で仕事の提供が困難な場合には、働く場や収入の機会を自ら創り出すことのできる環境や条

件を提供する方法もある。例えば、遊休公共財（使われなくなった施設、廃校となった校舎など）を工房や店舗などとして開放している例がある。働く場を創出する活動が契機となり、地域の活性化に貢献するビジネスに成長すれば、これに続く新たな転入者、地域活性化の担い手の増加にもつながり、地域からの人口流出を抑制することも可能となる。それは、農業でも、観光でも、地場産業の活性化・ブランド展開でも、どのような切り口でもよい。また、転入・移住の対象とする人材は必ずしも若年層であるとは限らない。働き盛りの中年層や退職後のシニア層であっても、志（こころざし）を同じくするものはすべて対象となりうる。もちろん、女性や外国人などあらゆる可能性を追求するべきである。また当然ながら、地域の中にも次代の地域経済を担うべき人材が存在していることを忘れてはならない。

　こうした人材が持っているビジネスの構想や地域活性化に資する取り組みを制限している様々な規制を緩和することは、地域がそのポテンシャルを顕在化させるきっかけとなり、次の新たな人材やビジネスを地域の外から引き付ける魅力、吸引力ともなる。また、女性や高齢者等が地域活性化の担い手、活動の主体となることを阻害している社会的なネックを解消し、「地域社会が一体となって」活動を支えるしくみを整えることが重要となる。都市部では得られない環境や条件を地方部が提示することができれば、若者をはじめ、女性や高齢者、外国人なども地域活性化の担い手として集まり、活躍することも十分に可能である。例えば、兵庫県の南あわじ市は、市内在住の3～5歳児の保育園、幼稚園の保育料を2015年度から無料にする。子育て世帯の負担を軽減し人口減少に歯止めをかけることを狙いとしたものだが、こうした施策は、新たな人材やビジネスの担い手を地域の外から引き付ける魅力、吸引力ともなりうる[2]。

　都市で手に入るものは多いが、地方にしかないものもある。自然の豊かさや生活費の安さ、空き家や未利用の土地（農地）などの他にも、例えば、都市部の多くで失われてしまった年齢・世代を超えた人的なつながり、コミュニティといった社会（関係）資本などは、地方部にこそ色濃く残っている場合がある。これを地域の魅力や吸引力として捉え、有効に活用することで人材を呼び込むことができるかもしれない。

「企業誘致」や「モノづくり」による雇用の創出等を重要視してきた従来までの地域活性化策から脱却し、今後は、地域活性化を担う人的資源の呼び込みや育成状況、及び彼ら、彼女らによる「ビジネスの創出や地域活性化に向けた活動」、「豊かな生活や暮らしを地域で実現するための行動」の量を増やし、またその質を高めることを重視した地域活性化策へと発想を転換することが重要ではないだろうか。これからの地域経済の活性化に重要なものは、「人材誘致」や「ヒトづくり」をベースとした魅力の創出であり、地域活性化を担う人的資源、及びその活動の量や質に関するマネジメントを強化することが、地方にとっての喫緊の課題である。

注
1) 各自治体は、地方創生に関する国の総合戦略を勘案して2015年度末までに、今後5年間の取り組みに関する地方版総合戦略を作成する。その作成支援費として、各都道府県に2,000万円、各市町村に1,000万円が国より一律で支給される。戦略に盛り込まれる事業のメニューには、UIJターン助成、地域しごと支援、創業支援・販路開拓、観光振興、少子化対策などが想定されている。
2) 島根県の邑南町では、過疎化対策として子育て支援に力を入れており、例えば、第二子以降の保育料は無料、また中学卒業までの医療費も無料となっている。これに加えて、「定住コーディネーター」が、定住に必要な住むところや働く場などをサポートする態勢をとっている。こうした支援策の効果で、子連れ世帯の移住が拡大、そのうち「シングルマザー」の移住も増加している。町は、地域活性化の力として彼女らに期待している。

参考資料

阿部真大 [2013].『地方にこもる若者たち－都市と田舎の間に出現した新しい社会』朝日新聞出版

伊藤元重、清野一治、奥野正寛、鈴村興太郎 [1988].『産業政策の経済分析』東京大学出版会

岡崎哲二 [2008].「戦後日本の産業合理化」The 4th East Asian Economic Historical Symposium 2008

奥林康司 編著 [2003].『入門 人的資源管理』中央経済社

OECD [2014].'Education at a Glance 2014: OECD Indicators'

小野五郎 [1999].『現代日本の産業政策 - 段階的政策決定のメカニズム -』日本経済新聞社

河野俊明・青田良紀 [2001].「地域経済活性化のための外資導入方策について」㈱日本総合研究所『Japan Research Review』vol.11 No.6

河野俊明 [2003].「国際化と都市再生による地域活性化の方向性」㈱日本総合研究所『Japan Research Review』vol.13 No.4

関西社会経済研究所 [2005].『関西活性化白書 関西と東アジア －新たなパートナーシップの構築に向けて』

木津川計 [1986].『含羞都市へ』神戸新聞出版センター

経済企画庁編『長期遡及主要系列国民経済計算報告―平成２年基準―（昭和30年～平成10年）』大蔵省印刷局、2001年

経済産業省委託 [2009].『平成20年度「大学発ベンチャーに関する基礎調査」実施報告書』㈱日本経済研究所

経済産業省経済産業政策局調査統計部編『鉄鋼統計年報』通商産業調査会、各年

経済産業省製造産業局繊維課 [2007].「繊維産業の現状と環境変化」

経済産業省製造産業局繊維課 [2010].「繊維産業の動向について」

経済産業省製造産業局繊維課 [2010].「今後の繊維・ファッション産業のあ

り方」

経済産業省大臣官房調査統計グループ編『工業統計表 産業編』経済産業調査会、各年

経済産業省編 [2007].『エネルギー白書 2007 年版』山浦印刷

小浜裕久 [2001].『戦後日本の産業発展』日本評論社

小針泰介 [2013].「国際競争力ランキングから見た我が国と主要国の強みと弱み」国立国会図書館調査及び立案考査局『リファレンス』2013 年 1 月, pp109-132.

小峰隆夫編 [2011].「バブル / デフレ期の日本経済と経済政策」第 1 巻『日本経済の記録－第 2 次石油危機への対応からバブル崩壊まで－』（1970 年代～ 1996 年）内閣府経済社会総合研究所

成美堂出版編集部編 [2011].『最新業界地図 2012 年版』成美堂出版

総務省・経済産業省編 [2014].『平成 24 年度経済センサス』総務省統計局

総務省統計局『労働力調査年報』各年

竹村敏彦 [2014].「日本の国際競争力強化に向けた戦略と課題」総務省情報通信政策研究所『情報通信政策レビュー』第 8 号, 2014.4.3

橘木俊詔 [2004].『家計からみる日本経済』岩波書店

通商産業大臣官房調査統計部編『我が国産業の現状』通商産業調査会、1998-09

出川通・田辺孝二 [2006].「ベンチャー企業における『日本型死の谷』の考察」年次学術大会講演要旨集 21(2), 1143-1146,研究・技術計画学会

土井教之 編著 [2009].『ビジネス・イノベーション・システム－能力・組織・競争』日本評論社

内閣府経済社会総合研究所 [2009].「平成 22 年度企業行動に関するアンケート調査報告書」

内閣府経済社会総合研究所編『国民経済計算年報』メディアランド、各年

内閣府経済社会総合研究所編『県民経済計算年報』メディアランド、各年

永井知美 [2007].「鉄鋼業界の現状と課題」㈱東レ経営研究所『経営センサー』

日本工作機械工業会『工作機械統計要覧』各年

日本生産性本部生産性総合研究センター [2013].『日本の生産性の動向 2013 年版』

日本自動車工業会『日本の自動車工業』各年

日本自動車工業会『自動車統計月報』各月

日本鉄鋼連盟『鉄鋼統計要覧』各年

日本貿易振興会機構 [2012].「第 3 回在シンガポール日系企業の地域統括機能に関するアンケート調査報告書」

野瀬正治編著 [2004].『人的資源管理のフロンティア』大学教育出版

野瀬正治・河野俊明 [2002].『新時代の労働と地域経済』関西学院大学出版会

藤波匠 [2010].「わが国農業の再生に向けて－大量離農を好機と捉えたコメ政策の転換を－『Business & Economic Review』㈱日本総合研究所、2010 年 12 月

本田宗一郎 [2001].『本田宗一郎 夢を力に－私の履歴書』日経ビジネス人文庫

町田徹 [2009].「鉄は国家なり 新日鐵 vs ミッタル買収戦争」文藝春秋 2007 年 9 月号

松尾宗次・黒田光太郎 [2006].「戦後日本における鉄鋼製造技術の技術革新」研究への序章

松宮基夫 [2013].「欧州債務問題の現状とグローバル経済への影響」成城大学『経済研究所年報』(26), 41-63

三家英治 [1994].『年表でみる日本経済新商品発売』晃洋書房

矢部洋三・古賀義弘他編 [1991].『現代経済史年表』日本経済評論社

山崎隆志 [2006].「外国人労働者の就労・雇用・社会保障の現状と課題」国立国会図書館『レファレンス』NO.669

吉川洋・宮川修子 [2009].「産業構造の変化と戦後日本の経済成長」(独) 経済産業研究所『RIETI Discussion Paper Series』09-J-024

索引

6次産業化 ……………………………………… 101,102,103,150
EPA（経済連携協定）……………………………… 19,36,98,119
FTA（自由貿易協定）…………………………………… 19,36,98
GDP（国内総生産）……………………………… 1,2,8,56,81,93,97
GHQ ……………………………………………………………… 88
IMD（国際経営開発研究所）………………………………………… 1
ITバブル ……………………………………………………… 50,51
JAPANブランド育成支援事業 ……………………………………… 66
JFEホールディングス ……………………………………… 70,74,76
OECD（経済協力開発機構）………………………………………… 1
OEM ……………………………………………………………… 66
TPP（環太平洋戦略的経済連携協定）……………………………… 19
〔ア行〕
アーリーステージ ……………………………………………… 112
アウトバウンド ………………………………………………… 120
安倍内閣 ………………………………………… 20,23,33,57,110
アベノミクス ……………………………………………… 20,57,58
池田内閣 ………………………………………………………… 42,89
一万田尚登 ……………………………………………………… 71,88
イノベーション …………………………………………… 108,111,115
今治タオル ………………………………………………………… 67
医療費 …………………………………………………………… 8,116
インバウンド ………………………………………………… 120,123
失われた10年 ……………………………………………………… 49
薄型テレビ ………………………………………………………… 84,85
売上高 ………………………………………………………………… 8,9

用語	ページ
エコシティ	92,134
エンジェル	114
円高不況	46
欧州債務問題（欧州債務危機）	56,57,58
オールジャパン	139
おもてなし	97
温室効果ガス	22,77,130,131,132

〔カ行〕

用語	ページ
海外移転	4,23,64
海外生産	20,57,76,82,83,87,90
介護保険給付費	116
介護保険制度	116
核家族化	11,29,30,32,116,118
加工組立型	17,86
過疎	11,23,28,102,103,120,151
家電	42,53,73,82,83,84,85,133
過密	11,23,42
ガラパゴス化	10,84
ガリオア・エロア資金	39
環境調和型製鉄プロセス技術開発	77,133
観光庁	121
観光マルチビザ	121
関税	19,20,99
起業家	108,112,113,115
気候変動	22,77,130,131,132,133
キャリアアップ	11,34
教育格差	13
行財政改革	151
競争優位	4,9,17,61,76,108
共同研究	111,112

京都議定書	22,130,132
空洞化	5,50,120
グリーンツーリズム	128
グローバリゼーション	3,4,8,17,52,94,95,107,120,143
グローバル経営	5,146
グローバル産業人材	35
経営資源	9,24,27,29,42,77,101,149,150,151
経常収支比率	23,146,151
景気の先行指標	81
健康寿命	116,117
現地化	92
現地生産	20,50,90
小泉内閣	51
高機能繊維	63,64
後継者問題	5
合計特殊出生率	32
工作機械試作補助金制度	80
工作機械輸入補助金制度	80
合成繊維(化学繊維)	63,64,66
構造変化	3,6,18,20,22,24,29,37,50,93,94,143
高張力鋼	70,75,76
高度外国人材	36
高度経済成長期	31,63,64,68,79,144
高度成長	9
高年齢者雇用安定法	34
神戸製鋼所	70,71,76,77
合理化	41,70,71,72,88,118
高齢化率	7,8,143
高炉	68,69,70,71,73,77
コーリン・クラーク	15

ゴーンショック	73
国際競争力	1,2,6,17,22,37,40,44,45,46,63,64,71,79,80,88,89,100,131,133
国債借入依存度	8
国土の均衡ある発展	144
国民医療費	116
コミュニケーション	26,29,31
コミュニティ	29,30,124,153
コモディティ化	84

〔サ行〕

再生可能エネルギー	92,130,133,137
再生繊維	63
サブカルチャー	125,128
サブプライム・ローン	54,55
サプライチェーン	4,21,61,66
サポーティング・インダストリー	17,86
産業観光	128
産業構造	15,16,17,88,107,109,150,151
産業合理化	71,88
産業合理化審議会	71
三種の神器	9,42
三本の矢	57
シェールガス	131
事業規模	8,9,10
事業承継	5
資産デフレ	49
実感なき景気回復	53
実質賃金	58
自動車工業不要論	88
死の谷	112,113

地盤沈下	29
資本集約型	18,61,68
社会保障関係費	8,23,116,118
斜陽産業	73
収益性	9,47,108
重厚長大型	17
終身雇用	10,25,26,27,35,115
重電	83,85
純輸出比率	63,64,72,79,80
少子高齢化	3,6,7,8,23,94,143
商習慣	9,95
消費税	8,58,59
少量多品種生産	18
食料自給率	98
女性の活躍推進	33,59
所得格差	12,13,32,42
所得倍増計画	42,89
ジョブ・ローテーション	26,35
新・三種の神器	9,42
新規開業率	110
人件費の変動費化	11
新興国	3,4,17,18,19,20,22,36,49,50,51,64,75,76,84,85,91,98,119,131,134,135,136,140
人事・組織制度	24
新陳代謝	110、150
新日鐵住金	70,76,77
水素ステーション	92,134
水道管理技術	135
数値制御	79

項目	ページ
スキルアップ	5
裾野産業	86
スマートコミュニティ	92,134
成果主義	25,26,27,35,53
生産年齢人口	7
聖地	125,126,129
成長戦略	36,52,57,59,95,102,110
セーフティネット	115
世界銀行	40
世界自然遺産	124
世界標準	10,84
石油ショック	43,44,72,73,75,89,137
セグメント	9
ゼネラリスト	27
先行者利益	9
全国総合開発計画	144
総合戦略	150
総量規制	48
ソーシャル・キャピタル	30,31
粗鋼	69,72,75

〔タ行〕

項目	ページ
ダーウィンの海	112,113
第一次産業	15,97,101,102,150
大学発ベンチャー	110,111,112
待機児童数	32
第二次産業	15,97,101,102
大量生産	18
台湾新幹線	136
第三次産業	15,93,94,97,101,102
団塊の世代	119

炭素繊維 ·· 63,65,75,82,92
地域経済 ····················· 22,23,24,37,67,113,143,146,150,151,153,154
地域統括機能(拠点) ·· 21
地縁・血縁 ·· 30,31
地球温暖化 ···················· 22,77,97,98,130,131,132,133,137
地方創生 ··· 23,59,150
超円高水準 ·· 20,57
朝鮮戦争 ·· 16,42,71
直接金融 ·· 47
デフレ経済 ··· 57,58,93
電気自動車 ·· 92,133,134
電気炉 ·· 69,70
伝統的産業 ··· 3
天然繊維 ··· 63,64
転炉 ··· 68,69
東京一極集中 ··· 23,146
東京オリンピック ··· 89
東洋紡 ··· 65
東レ ··· 65,66,135,136
特殊鋼 ··· 69
独占的利益 ··· 9
特定産業振興臨時措置法案 ·· 88
ドッジライン ··· 71
トヨタ ··· 90,91

〔ナ行〕

ニクソンショック ·· 43
日本創成会議 ··· 22,143
日本標準産業分類 ·· 15,78
ニュービジネス ··················· 28,108,109,110,113,150
ネット販売 ··· 93

167

年金制度	12
年功序列	10,12,25,26,27,35,53
燃料電池車	92,134
農業特区	102
農商工等連携促進法	101
農商工連携	100,101,102,103,150

〔ハ行〕

廃業率	110
廃タイヤのリサイクル	77
ハイブリッド車	70,92,133
派遣切り	52
バブル経済	32,47,48,49,50,51,53,57,73,93
東日本大震災	55,121
ビジット・ジャパン事業	120,121
非正規社員	11,13,27
日立製作所	83,85,136,137,140
非正規比率	12,13
普通鋼	69
プラザ合意	46,47,48,50,86,90
不良債権	49,53,55,57
ブレトンウッズ体制	43
プロセスイノベーション	115
プロダクトイノベーション	115
ペティ=クラークの法則	15
ベビーブーム	32,119
ベンチャーキャピタル	114
貿易摩擦	3,20,45,46,47,50,61,83
法規制	9
訪日外客数	121,123
ホンダ	89,90,91

| 本田宗一郎 | 89 |

〔マ行〕

マザーマシン	79
マシニングセンタ	79
マッチング	100,108,115
マネジメント	25,32,33,34,35,36,130,151,152,154
魔の川	112
ミスマッチ	27,96,118
水メジャー	136,138
目利き	113
メディカルツーリズム	128
モータリゼーション	89,92
モーレツ社員	10

〔ヤ行〕

| 輸出自主規制 | 45,46,50,89 |
| ユニクロ | 65 |

〔ラ行〕

ライフステージ	94
リーディング産業	16,17,40,63,87
リーマンショック	52,54,55,57,72,75,81,91,121
離職率	96,118
リスクマネー	114
リストラクチャリング（リストラ）	6,49,66,73
労働者派遣法	52,53
労働集約型	17,61,93,151
労働生産性	97
労働分配率	54

〔ワ行〕

| ワーキングプア | 13 |

河野　俊明（かわの・としあき）

1960 年　大阪府生まれ。
1984 年　大阪大学経済学部卒業。
1984 年　㈱住友銀行（現㈱三井住友銀行）入行。
1990 年　大阪大学大学院経済学研究科 経営学専攻前期課程修了。
1990 年　㈱日本総合研究所 研究事業本部 研究員，主任研究員，
　　　　 産業経済クラスター長。
現　在　 ㈱日本総合研究所 総合研究部門 部長，
　　　　 関西学院大学社会学部 非常勤講師。

教職歴　阪南大学経済学部 客員講師，
　　　　放送大学 非常勤講師。

著　書
『新時代の労働と地域経済』関西学院大学出版会、2002 年（共著）
『人的資源管理のフロンティア』大学教育出版、2004 年（共著）
『ケーススタディ 現代産業人間関係論』関西学院大学出版会、2006 年
　　　　　　　　　　　　　　　　　　　　　　　　　　　　（共著）

現代日本の産業社会

2016 年 1 月 1 日　初版第一刷発行

著　者：河野　俊明

発行所：株式会社かんぽう
　　　　550-0002
　　　　大阪府大阪市西区江戸堀 1 丁目 2 － 14
　　　　電話　06-6443-2179

印　刷：株式会社二口印刷
　　　　550-0001
　　　　大阪府大阪市西区土佐堀 1 丁目 6 － 5

製　本：北村製本株式会社
　　　　548-0016
　　　　大阪府大阪市平野区長吉長原 4 丁目 14 － 20

定価はカバーに表示しています。落丁・乱丁はお取り替えいたします。